어원으로 배우는
경제 이야기

어원으로 배우는
경제 이야기

금융인, 사회 초년생,
취업준비생이
꼭 알아야 할
경제이야기

경제를 뜻하는 영어 단어 '이코노미 economy'의 어원은 그리스어다. '집안일 관리'를 뜻하는 '오이코노미아 oikonomia'라는 단어에서 유래했다.

김경원 지음

흥미로운 점은 동서양을 막론하고 '경제'의 개념이 일반 백성이나 가정에서 출발한다는 것이다.

프랑스어로는 'économie', 독일어로는 'ökonomie'가 되었고, 16세기경에는 영어에도 '이코노미'의 형태로 도입되었다. 하지만 영어를 비롯한 각국의 언어에서 이 단어들의 뜻은 '집안일 관리'에 머물렀다.

세종
서적

지적 대화를 위한 경제 경영 잡학 사전

I

서론

    근래에 한 케이블 TV 방송국에서 「알아두면 쓸데없는 신비한 잡학사전」, 줄여서 「알쓸신잡」이라는 프로그램이 큰 인기를 끌며 방영되었다. 공중파도 아닌 케이블 채널에서 6~7퍼센트 대의 시청률은 대단한 것이다. '알아도 쓸데없다'는 데도 많은 사람들이 관심을 가진 이유는 무엇일까? 여러 이유가 있겠으나 무엇보다도 먼저, 현대 정보사회에 사는 사람들에게 가용한 정보는 넘쳐나는데 정작 이 정보가 자기 것, 즉 지식이 잘 되지 못한다는 사실에 기인하는 것이 아닌가 싶다. 이는 케이블이나, 위성TV의 채널이 많을수록 몇 번이 무슨 채널인지 잘 기억하지 못하게 되는 현상과도 같다. 특히나 어릴 때부터 인터넷 등 온라인 채널을 통해 정보를 찾아내는 데 능숙한 젊은 세대는 이런 현상에 더욱 익숙할 것이다. 심지어 휴대폰의 번호 저장기능에 익숙해진 사람들은, 더 이상 남의 전화번호를 외울 필요가 없기 때문에 휴대폰을 잃어버리고 곤란한 상황에 처했을 때 가족의 전화번호도 몰라 집에 연락을 못한다고 한다.

그런데 정보의 '풍요 속 빈곤'과 함께 도래한 이런 '기억력 퇴화'의 시대에 어떤 사람이 전자 기기를 통하지 않고 '상식'과 '교양'의 형태로 아는 것이 많다면 어떨까? 나는 주위에서 그런 사람이 당장 주목과 존중의 대상이 되는 현상을 종종 보곤 한다. 다시 말해 '지적 우위'가 다른 사람들과의 관계에서 개인의 영향력을 키우는 데 큰 역할을 한다는 것으로서 정말로 '아는 것이 힘'인 때가 되었다.

문제는 지적 우위의 확보가 엄청난 독서광의 경우를 제외하고는 일상적으로 그리 쉽지가 않다는 것이다. 헌데 이 「알쓸신잡」과 같은 프로그램은 '예능' 프로라는 틀을 빌어, 출연자들이 어떤 정보에 대한 관련된 '이야기'를 풀어주어 시청자들의 관심을 끈 다음, 그 정보를 전달한다. 그래서 이 프로그램을 보는 사람들이 그 정보를 자기 것으로 만드는 작업을 아주 쉽게 만들어주고 있다. 내 생각에는 이런 요인들이 그 프로그램이 큰 인기를 끈 이유가 되지 않았을까 싶다.

그런데 일상생활에서 큰 도움이 되는 이 '지적 우위'가 직업의 세계에서는 결정적인 역할을 하는 경우가 많다. 사람들은 아프면 누구를 찾아갈까? 또 송사에 휩싸이면 누구를 찾아가야 할까? 이 단순한 실문에 모두가 주저하지 않고 답할 것이다. 첫째 질문에 대한 답은 당연히 의사, 한의사 또는 약사다. 아픈 사람은 그들을 찾아가 기꺼이 몸을 맡기거나 약을 사 먹는다. 이들에 대한 신뢰가 없으면 불가능할 일이다. 두 번째 질문에 대한 답도 자명하다. 변호사나 법무사를 찾아갈 것이다. 법적 문제에 봉착한 사람들은 이들을 찾아가 미주알고주알 은밀한 사정까지도 털어 놓는다. 이도 신뢰가 담보되었기 때문이다. 다시 말해 병에 대해서는 의사, 한의사, 약사가, 법에 대해서는 변호사, 변호사가 일반인들보다 훨씬 많이 '알기' 때문일 것이다. 결국 전문가들의 '지적 우위'가 사람들로 하여금 찾아가고 몸이나 일을 맡기게 만든다.

이는 금융업계에 종사하는 이들에게도 적용되는데 단 이들에게는 요구되는 '지적 우위'의 범위가 좀 더 넓다고 할 수 있다. 요즘 한국뿐 아니라 전 세계적으로 '중·노년 고액 자산가(SHNWI: Senior High Net Worth Individual)'들의 시장이 날이 갈수록 커지고 있다고 한다. 제2차 세계대전 이후 큰 전쟁이 없는 장기간의 평화 지속, IT 혁명 등 빠른 기술 진보, 의학 발달 등에 의한 획기적인 인간 수명의 연장은 수많은 부자들의 탄생으로 이어졌다. 게다가 1990년대 중반부터 장기화된 각국의 초저금리 및 통화팽창 기조로 주식, 부동산 등 자산가격이 폭등하면서 문자 그대로 '앉아서' 부자가 되어 은퇴하는 사람의 수도 크게 증가하였다. 물론 이는 모든 사람이 혜택을 받는 것은 아니어서 은퇴 계층 안에서도 '양극화'라는 심각한 문제도 있어 '80 대 20의 법칙'이 룰이 여기에도 적용되는 모습이다. 이는 한국도 예외가 아니다.

그런데 이런 중·노년 고액 자산가층의 대폭 증가는 거의 모든 기업들에게 완전히 새로운 형태의 대응을 요구하고 있다. 마케팅, 세일즈 단계부터 이들 계층에 맞는 방식이 필요하다는 것이다. 특히 금융사들에게는 이들 계층에 대한 대응이 생존 여부를 결정할 정도로 중요해졌다. 이미 대한민국의 경우에도 55세 이상의 인구가 가계 금융자산의 60~70피세드를 기긴 것으로 추정되고 있기 때문이다. 즉 이 계층의 자산을 얼마나 많이 확보하느냐가 생존 및 장기 성장의 관건이 된 것이다. 그런데 이 계층에 속하는 사람들은 1960년대 이후 고등교육 보급의 혜택을 본격적으로 받기 시작한 세대이며 한국의 고도성장기의 경제를 따라잡느라 끊임없는 학습이 익숙해진 세대다.

특히 인터넷 도입 초기의 적응상 어려움을 이겨내고 이 새로운 정보 네트워크 수단을 잘 이용할 수 있게 되면서, 자산 형성 과정에서 이를 통해 수집한 정보를 활용한 경험도 많다. 그래서 이들의 경제, 금융에 대한 '지적 수준'이 매우 높은 상태다. 이는 금융사들에게 무엇을 의미하는가? 앞서 언급한 의사, 변호사의 경우처럼 고객들은 자신의 돈을 맡아줄 금융사 직원들이 '돈에 대해 자신보다 더 많이 알기'를 원한다. 더욱이 고액 자산가들은 더욱 그렇다. 하지만 현실은 전술한 이유로 그 반대인 경우가 많다.

벌써 20여 년 전이지만 모 증권사에서 일했을 때 겪은 일이다. 잘 차려 입고 교양 있어 보이는 중년의 여성 고객이 증권사 창구에 와서 '거액을 투자하려 하는데 무슨 종목이 좋겠냐'고 직원에게 물어 보았다. 당시 나는 리서치센터장으로서 장이 끝난 후 직원들을 상대로 시황 설명을 하려고 업무가 끝나기를 기다리는 중이었다. 직원이 그 고객에게 새 항암제를 개발했다는 제약회사의 주식을 추천하며 열심히 설명을 했지만 그 고객은 쉽게 수긍하는 눈치가 아니었다. 오히려 '임상 실험'의 '2상', '3상', '감가상각' 같은 전문용어를 동원하며 까다로운 질문을 이어갔다. 당당한 직원이 쩔쩔 매는 사이 그 고객은 웃으며 일어나서 "공부 조금 더 하셔야겠네."라는 말을 남기고 객장을 떠났다. 이렇듯 고객이 직원들에 대해 '지적 우위'를 가지는 현상은 지금, 그리고 앞으로도 갈수록 금융사들에게 더 큰 고민으로 다가올 것이다. 더구나 고액 자산을 가진 중·노년 고객들은 자신들보다 높은 '돈에 대한 지적 수준'을 가지고, 자신을 대신하여 전문적으로 관리해줄 '프라이빗 뱅커Private Banker'를 원하는 성향이 있다. 다시 말해 자신의 '금융 주치의'를 두고 싶어한다는 것이다. 이 계층의 고객들에게 자신의 막대한 재산을 여러 금융사에 나누어 관리하기에는 시간과 노력이 너무 많이 들기 때문이다. 그러므로 결국 미래에 금융사의 성패를 결정할 요인은 '지적 우위'를 갖춘 우수한 인재의 확보 여부일 것이다.

　대한민국 최대 그룹에 근무할 때의 이야기다. 그룹 내 금융사들도 대부분 국내 최대, 최고를 자랑했는데 창업자 시절부터 '인재제일'을 강조하여 인재 육성을 위한 교육도 매우 중시되었다. 재무finance를 전공한 나는 이런 교육에 강사로 나설 기회가 많았는데 수강하는 직원들에게 주로 경제, 금융 동향과 기초적인 이론들을 가르쳤었다. 그런데 사이 사이에 수강생의 졸음을 쫓고 강의에 대한 흥미를 돋울 목적으로 금융 상식이 될 만한 경제 및 금융 용어와 그 어원에 관련된 이야기를 해주곤 했다. 그런데 나중에 나에게 다시 강의를 듣게 되었던 영업 부문의 직원들이 이런 '알쓸' 상식들이 영업에 큰 도움이 되었다는 이야기를 해주었다. 특히 고액자산을 가진 소위 VIP 고객들 상대로는 '결정적'도움이 되었다고 했다. 내가 의도하지 않았지만 이 사람들이 고객들에 대한 적어도 단편적으로나마 '지적 우위'를 가지게 만들었던 것이다. 사실 나의 이런 '쪽지형' 상식들은 거의 대부분, 학교에서 배운 것이 아니라 미국 유학 시에 호기심에서 하나하나 문헌을 찾아보아 습득한 것들이다. 그래서인지 내가 다닌 석·박사 과정의 교수님들도 이런 질문을 하면 대답을 해주실 수 있는 분이 거의 없었다.

그러다 보니 이런 쪽상식들이 영화 「반지의 제왕」에 나오는 '골룸'의 대사 "My precious!"처럼 나만의 것이 된 면도 있었다. 그런데 나도 나이가 먹어가고 어찌 하다 보니 남 얘기로만 알던 '은퇴'가 그리 멀지 않았다고 느끼기 시작하던 차에 주간·월간 경제지 등에 이를 하나씩 기고하며 '풀기' 시작했다. 평소에 나의 '썰'을 즐겨 들어주던 「매경이코노미」

의 김소현 부장이 같이 점심식사를 하는 자리에서 기고를 요청한 것이 계기가 된 것이다. 헌데 쓰다 보니 경제 전체보다는 금융 용어가 주로 다루는 대상이 되었다. 이는 경제 자체보다는 금융이 우리 생활에서 직접 맞닥뜨리는 주제인데다 현대식 금융 제도가 서구에서 들여오다 보니 용어도 외래어 그 자체로 쓰이는 경우가 많고, 그런 대중적으로 더 친숙한 용어에 치중하다 보니 그리 된 것이다. 첨언하자면 이 책에서 다룬 용어는, 나의 경험에 의하면, 고객이나 금융전문가들이 그 뜻은 잘 알고 있으나, 정작 그 원래 뜻과 배경이 무엇인지를 잘 모르고 쓰는 것들이다.

나의 원래 의도대로 이 책은 일차적으로는 '알쓸'에 흥미를 느끼며 '지적 우위' 확보에 관심이 있는 모든 사람들에게도 도움이 될 것이라 생각된다. 지금은 '아는 것이 힘'인 때인 만큼, 소위 '이코노믹 앤 파이낸셜 리터러시Economic & Financial Literacy'도 개인의 재산증식은 물론, 승진 등 조직 내의 위상 제고에도 도움이 될 것이라 보기 때문이다. 단 이 '알쓸'이 읽는 이의 '자기 것'이 될 수 있도록 용어의 어원 자체보다는 이를 둘러싼 '이야기'에 더 중점을 두어 썼다. 읽는 이가 이야기에 집중하다 보면 이 용어와 주변 에피소드들이 자연스럽게 뇌리에 스며들 것으로 기대해 본다.

그러나 더 나아가서는 전술한 바대로 금융권에 종사하는 사람들과 금융권에서 커리어를 찾으려는 학생들에게 가장 큰 도움이 될 것이란 믿음이다. 욕심을 조금 더 부리자면 요즘 갈수록 경제, 금융 정책이 잘 세워지거나 의도와는 다르게 효과가 나타난다고 답답해하는 고위 관료들과 정치인들에게도 일독을 권한다. 용어의 뿌리를 알면 경제, 금융 현상에 대한 통찰력도 커진다는 것이 나의 믿음이기 때문이다.

집필하는 과정에서 용어의 상당수는 이미 알고 있었으나 이를 확인하고 교정하는 작업도 필요했다. 어원을 확인하는 작업은 주로 인터넷 사전 사이트인 옥스포드, 메리언웹스터, 워셔너리 그리고 온라인 에티몰로지 등을 거쳤다. 이들 사이트 간에 정보가 불일치한 경우가 적지 않았는데, 이 경우 나의 기존 지식과 함께, 각 사이트에 공통적으로 더 많이 언급된 설을 따랐다.

이 책이 나오기까지 도움을 주신 여러분께 다시 한 번 감사하다는 마음을 전한다. 이 분들은 이 책의 산파 역할을 해준 「매경이코노미」의 김소현 부장과 김경민 기자, 「이코노미스트」의 남승률 편집장, 그리고 책의 형태를 갖추게 만들어 준 세종서적의 강훈 에디터다. 또 이 책에 나오는 모든 오류는 나의 과오임을 미리 밝혀둔다.

2018년 5월 군자동 세종대학교의 연구실에서
김경원

CON
TENTS

2부 • 화폐 이야기

3부 • 금융 이야기

4부 • 증권·투자 이야기

1부

경제 · 경영 이야기

ECONOMY

과연 경제가 문제다

나폴레옹Napoleon은 1815년 마지막 도박을 걸었던 워털루Waterloo 전투에서 패배하여 세인트 헬레나Saint Helena 섬에 유배되었다. 6년 뒤인 1821년 그는 재기하지 못하고 그곳에서 사망했다. 그즈음에 "오늘 나의 불행은 언젠가 잘못 보낸 시간의 보복이다."라는 말을 남겼다고 한다.

1992년 미국 대선에서, 아칸소Arkansas 주의 주지사 빌 클린턴Bill Clinton은 당시 현직 대통령이었던 조지 부시George Bush를 상대로 도전장을 냈다. 걸프전이 종결된 1991년에는 지지율이 90퍼센트까지 치솟았던 현직 대통령과 맞붙은 선거에서 초반에는 누가 보아도 클린턴이 열세였다. 그러나 그는 판세를 뒤집고 대통령이 되었다. 클린턴이 대통령에 당선되는 데 가장 크게 기여한 요인 중 하나는 바로 선거 구호다.

당시 클린턴 선거 캠프의 수석 전략가였던 제임스 카빌James Carville은 캠프 조직원들에게, 선거 구호를 다음 세 가지로 요약해 전달했다.

1. 변화냐, 그냥 그대로냐 Change vs. more of the same
2. 경제란 말이야, 바보야 The economy, stupid
3. 의료보장제도를 잊지 마라 Don't forget health care

카빌은 아칸소 주의 수도인 리틀록Little Rock에 차려진 선거 본부에 이 구호들을 내걸었다. 그런데 이 구호들 중 두 번째 구호 '경제란 말이야, 바보야'가 크게 부각되면서 클린턴의 핵심 선거 구호가 되었다. 이 구호는 나중에 '문제는 경제야, 바보야.It's the economy, stupid.'라는 온전한 문장으로 조금 바뀌었다. 걸프전 이후 미국경제가 깊은 불황으로 빠져든 터라 클린턴 진영의 이 구호는 미국 유권자들의 마음을 파고들었다.

한국뿐 아니라 중국과 일본에서도 '經濟'로 표기하는 이 용어는 '경세제민經世濟民'의 약어로 잘 알려져 있다. 나는 '세상을 잘 다스려 백성을 구한다'는 뜻의 이 용어를 고등학교 수업시간에 처음 배웠다. '경세'의 출처는 장자莊子의 「제물론齊物論」, '제민'의 출처는 『서경書經』이라는 주장이 유력해 보인다. 이 용어를 오늘날의 뜻으로 처음 사용한 사람은 일본 막부시대의 철학자 다자이 슌다이太宰春台라고 한다. 다자이 슌다이는

1729년에 쓴 저서 『경제록經濟錄』을 통해 재화의 '분배' 개념을 설파했다.

경제를 뜻하는 영어 단어 '이코노미economy'의 어원은 그리스어다. 집을 뜻하는 단어 '오이코스oikos'와 '다스리는 사람' 또는 '규율'을 뜻하는 '노모스nomos'의 합성어인 '오이코노모스oikonomos', 즉 '집안일을 관리하는 집사'라는 단어에서 '집안일 관리'를 뜻하는 '오이코노미아oikonomia'라는 단어가 나왔다. 이 말은 나중에 로마로 전파되어 '오에코노미아oeconomia'가 되었다. 이는 다시 유럽으로 전파되어 프랑스어로는 'économie', 독일어로는 'ökonomie'가 되었고, 16세기경에는 영어에도 '이코노미'의 형태로 도입되었다. 하지만 당시에는 영어를 비롯한 각국의 언어에서 이 단어들의 뜻은 '집안일 관리'에 머물렀다. 그러다가 영어의 경우 17세기경부터 '주어진 자원을 잘 관리함' 또는 '국가의 부와 자원을 잘 관리함'으로 그 의미가 확장되어 오늘날과 크게 다르지 않게 쓰이게 되었다.

흥미로운 점은 동서양을 막론하고 '경제'의 개념이 일반 백성이나 가정에서 출발한다는 것이다. 이런 면에서 '경제' 정책의 요체는 국민의 삶을 이롭게 하는 것이라 할 수 있다. 문제는 지난 15~20년 사이에 각국에서 이와 거리가 먼 경제 정책을 펼친 결과 지금 세계는 아직도 장기불황의 늪에서 빠져 나오지 못하고 있다는 점이다.

물론 그 원인은 있다. 1990년대 초 중국이 세계경제로 편입되고 세계의 공장으로 부상하면서 전 세계 물가가 안정되었다. 이를 구조적인 현상으로 오판한 각국의 중앙은행이 앞다투어 통화팽창과 저금리 기조를 지속했다. 이는 '서브프라임subprime mortgage 사태' 등 자산버블 형성과 파열로 이어졌고, 이 과정에서 구조적 손상을 입은 각국 경제는 갈수록 활력을 잃었다. 게다가 저금리 정책이 너무 오래 지속된 탓에 저금리에 '내성'이 생긴 경제는 이제 마이너스 금리에도 반응하지 않는다. 이는 마치 항생제에 내성이 생겨 아무리 강한 항생제를 써도 치료가 잘 안 되는 환자에 비유할 만하다. 나폴레옹의 말을 빌리면, 과거 '잘못된 정책의 보복'으로 보인다.

우리나라는 선거철마다 경제가 가장 큰 화두로 등장한다. 과거 클린턴이 후보 시절, '문제는 경제야, 바보야'라는 슬로건을 내세웠듯이, 각 당이 너나없이 경제를 쟁점으로 들고 나오며 서로 상대를 '심판'하자고 한다. 그러나 우리 경제는 1990년대 말에서 2000년대 초 사이에 경기가 반짝 좋아진 것을 제외하고는 '상습적인 불황'에서 벗어나본 적이 없다. 그러므로 역대 어느 정권도 그 책임에서 자유로울 수 없다. 그러므로 '심판'보다 더 중요한 것은 누가 이기든 선거 후에 여야가 지혜를 모아 '경제'를 회복시킬 묘안을 짜내는 것이다. '국민의 삶을 위하는 것'이라는 경제의 기본 뜻을 머리와 마음에 되새길 때다.

회사란 '단단한' 빵을 같이
나누어 먹는 사람들의 모임'?

천사의 양식이여	Panis angelicus
인간의 양식이 되사	fit panis hominum;
하늘의 양식이 형상을 벗어던졌네	Dat panis clicus figuris terminum:
오, 기적이여!	O res mirabilis!
주님의 몸이 먹이시네	Manducat Dominum
가난한 이, 가난한 이	Pauper, Pauper,
종과 비천한 이들을	servus et humilis.

오늘도 라디오 클래식 프로그램에서 「생명의 양식Panis Angelicus」이라

는 노래가 흘러나온다. 이 곡을 들으면 항상 마음이 평온해진다. 세자르 프랑크Cesar Franck라는 벨기에 태생의 프랑스 작곡가가 1872년에 작곡한 이 성악곡은 13세기에 신학자이자 철학자로 활동했던 성 토마스 아퀴나스 St. Thomas Aquinas가 만든 「성체찬가Sacris Solemniis」 일부에 곡을 붙인 것이다.

여기에 나오는 '파니스panis'는 라틴어로 양식糧食을 뜻하는데, 프랑스어의 '뼁pain', 에스파냐어의 '판pan', 포르투갈어의 '빵pão' 등의 형태로 유럽 여러 언어에 선승되있다. 이 중 일본이 개항할 당시 적극적으로 진출했던 포르투갈 상인들이 이 말을 일본어 '판ㅅ〉'으로 전파했고, 이 형태 그대로 우리말에도 들어왔다고 한다.

요즘 아이들은 밥보다 빵을 더 좋아한다고 걱정하는 부모도 많고, 빵을 즐겨 먹는 어른도 많다. 그래서인지 프랜차이즈 빵집이든 개인 빵집이든 전국적으로 빵집이 없는 곳이 없을 정도다. 얼마 전 노동부에서 국내 최대의 빵집 체인을 가진 프랜차이즈 업체에 각 가맹점에서 일하는 '제빵사'들을 직접 고용하라고 해서 큰 이슈가 되었다. 결국 본사가 자회사를 활용해 제빵사를 고용하는 형태로 노사 간 타협이 이루어졌다. 이래저래 빵은 이제 우리의 일상생활과 떼려야 뗄 수 없는 존재가 되었다.

내가 한 대기업에서 근무할 때의 일화다. 나의 상사는 종종 컨설팅 '폼'으로 보고하라고 지시했다. '컨설팅 폼'이라니. 처음에는 무슨 뜻인지 몰라 난감했으나 나중에 '컨설팅 펌consulting firm', 즉 경영 컨설팅 전문 회사에서 쓰는 보고서 형식으로 쓰라는 뜻이라는 것을 알아차리고 나서 실소를 금할 수 없었다. 그는 '펌'을 '폼'으로 알고 있었던 것이다.

국내에서도 컨설팅 펌 이외에도 '로펌law firm(법무회사)'처럼 '펌firm'이 회사나 법인의 뜻으로 쓰이는 경우가 일반화되었다. 원래 재무이론에서 회사 경영진의 목적은 '회사 가치의 극대화'라고 가르치는데, 이 회사 가치를 영어권 교과서에서는 '펌 밸류firm value'라고 통칭한다. 나도 이 용어를 처음 보았을 때 '단단한 가치'라고 자신 있게 번역했다가 교수님께 크게 놀림을 받은 적이 있다.

실제로 미국이나 영국에서 '회사'를 지칭하는 용어는 '펌' 이외에도 '컴퍼니company', '코퍼레이션corporation' 등이 있다. 물론 회사의 종류, 즉 합자회사냐 주식회사냐에 따라 수식어가 더 붙는다. 이 중 먼저 '딱딱한, 견고한'이라는 의미를 가진 '펌'이라는 단어가 어떻게 회사를 뜻하게 되었는지 살펴보자.

원래 이 단어의 어원은 라틴어 '피르무스firmus(강한, 안정적인)'다. 이 단어의 동사형은 '피마레fimare'로, '견고하게 하다, 확실하게 만들다'라는 뜻이다. 이 단어는 나중에 이탈리아에서 '피르마firma'로 변형되었고, 그 의미도 '서명'으로 바뀌었다. 계약을 '확실하게 만드는 것'이 서명이기 때문일 것이다. 이는 다시 독일로 건너가 같은 철자의 단어로서 '회사명'이라는 뜻으로 쓰였다. 회사들이 제 이름을 서명한 간판을 걸어놓고 영업을 한 것에서 비롯된 것으로 보인다. 영국에는 18세기 중반에 같은 뜻으로 도입되었다고 한다.

회사를 뜻하는 영어 단어로서 가장 보편적인 '컴퍼니'의 어원도 라틴어다. 바로 '콤파니오companio'인데, 이는 '같이com 빵panis을 나누어 먹는 이'라는 뜻이다. 프랑스에는 12세기경에 '콤파니에compaignie'라는 말로 도입된다. 뜻은 군사 용어 '부대'다 오늘날에도 군대의 한 단위인 중대를 나타내는 단어로 사용된다. 영국으로 편입된 후 14세기경에는 상인들의 협회를 뜻하는 길드guild라는 의미로 쓰이기 시작했고, 마침내 16세기경에는 회사를 나타내는 말로도 쓰였다.

같은 뜻의 단어로서 특히 '주식회사'를 뜻할 때 많이 쓰이는 '코퍼레이션'의 어원 역시 '모여 한 몸 되기'를 뜻하는 '코포라티오coporatio'라는 라틴어다. 영어에서는 15세기 중반부터 '같은 목적을 가지고 모여든 사람'이라는 의미로 사용되기 시작했고, 17세기 초부터는 오늘날의 회사와 거의 같은 뜻인 '법으로 허가받은 존재'를 나타내는 말로 쓰였다.

예나 지금이나, 국내나 국외나 고용 창출의 주역은 회사다. 그런데 우리나라 회사들의 수익성은 리딩 기업 몇몇을 빼고는 갈수록 나빠지는 추세다. 게다가 '반기업 정서'는 여전하고, 정치권은 회사의 활동을 더 위축시키는 데 열중하는 모습이다. 이래서야 회사가 고용과 납세를 통해서 국민 경제에 이바지하기가 난망한 노릇이다. 부실화된 대형 조선 업체들에 대해 여러 차례 다시 혈세가 투입되었지만 경영 정상화는 요원하다. 한 외국계 자동차업체도 정부의 지원 없이는 존립이 어려운 상태다. 경영진의 오판과 '도덕적 해이'에다 강성 노조의 탐욕이 결합되어 만들어진 결과다. 수익을 창출해야, 회사의 가치가 올라가고, 회사의 가치가 올라가야, 고용 여력도 생기는 법이니, 무엇보다도 먼저 그 어원의 의미대로 회사 안에서 '한솥밥을 나누어 먹는' 임직원들이 힘을 합쳐 회사를 더 '단단하게' 만들고 볼 일이다.

SALARY

소금은 황금만큼 가치가 있었다

예전에 온라인상에서 회자되었던 '썰'이다. 신이 인간에게 세 가지 소중한 '금'을 주셨는데, '황금, 소금, 지금'이란다. 현재가 그만큼 소중하다는 뜻일 것이다. 그런데 이 이야기가 제대로 된 논리 구조를 갖추려면 황금과 소금은 동등한 가치를 지녀야 한다. 지금은 소금이 너무 흔하고 값도 싸서 감히 황금과 비교도 할 수 없는 처지이나 옛날에는 정말로 황금만큼, 아니 황금보다 더 귀하게 취급받았다. 소금은 생명을 유지하는 데 필수 불가결한 식품이었고, 구하기조차 힘들었기 때문이다.

실제로도 황금은 없어도 살 수 있으나 소금이 없으면 살 수 없다. 소금, 화학식으로 '염화나트륨NaCl'은 칼륨과 함께 동물의 혈관 안팎의 압력 균형을 이루는 데 반드시 필요한 나트륨의 주 공급원이기 때문이다. 그래서 인류 문명의 시작은 소금의 생산 및 거래와 밀접한 관계가 있을 정도다. 예를 들어 이탈리아에 가면 '비아 살라리움via salarium', 즉 소금 도로로 불리는 긴 도로망이 있는데, 소금 생산지인 아드리아해에서 로마로 소금을 나르기 위해 만든 길이라고 한다. 그런데 사실 이 도로는 로마제국이 세워지기 훨씬 전인 선사시대에 생겨났다고 한다.

참고로 소금을 뜻하는 영어 단어 '솔트salt'의 어원은 원시 인도 유로-피언Indo-European어의 '살sal'이다. 이 단어는 거의 모든 유럽 언어로 퍼져나가 라틴어는 물론이고 독일어salz, 에스파냐어sal, 프랑스어sel, 그리스어hals의 공통적인 뿌리가 되었다. 그만큼 소금은 인류 역사의 시작과 함께했다는 말인데, 유럽의 도시 이름 중 소금과 관계된 곳도 상당수다. 예를 들어 잘츠부르크Salsburg나 할슈타트Hallstatt 등의 도시명은 다 소금과 직간접적인 관련이 있다.

소금이 역사를 바꾼 사례도 꽤 많다. 중세 베니스가 지중해의 강자로 떠오른 것은 소금 생산을 독점할 수 있었기 때문이며, 네덜란드가 에스파냐로 가는 소금의 공급 길을 차단한 것이 에스파냐 제국 몰락의 단초였다는 것은 그중 한 예일 뿐이다. 미국의 경우에도 남북전쟁 당시 북군이 남군의 버지니아 소금 생산지를 점령하면서 남부의 소금 공급을 끊어놓은 것이 승패를 가르는 결정적인 역할을 했다. 이런 소금의 가치 때문에 중국의 역대 왕조는 물론이고 세계의 여러 나라에서 소금 공급은 국가가 독점하는 전매품이기도 했다.

소금은 또 인류의 문화, 종교와도 밀접한 관계가 있다. 소금은 부패를 방지하는 기능 때문인지 척사斥邪와 소독의 의미를 담고 있다. 우리나라에서도 '재수 없는' 손님이 왔다 가고 나면 소금을 뿌리는 관습이 지금도 일부 남아 있고, 일본에서도 스모 시합 전에 경기장에 소금을 뿌린다. 서양에서도 소금을 뿌려 부정을 방지하는 풍습이 기록으로 남아 있다. 변하지 않는 상징으로서 구약성경에는 '소금의 언약'이 여러 번 언급된다. 예수는 "너희는 세상의 소금이다. 소금이 짠맛을 잃으면 무엇으로 다시 짜게 만들겠느냐? 그런 소금은 아무데도 쓸데없어 밖에 내버려 사람들에게 짓밟힐 따름이다."(마태복음 5장 13절, 공동번역)라고 제자들의 사명을 소금의 기능에 비유했다.

이런 가치가 있는 소금은 황금처럼 화폐로 쓰이기도 했다. 마르코 폴로Marco Polo가 『동방견문록』에 원나라에서 동전 모양으로 소금을 압착한 것이 화폐로 통용되는 것을 기록한 바 있고, 로마시대에는 병사들의 급료를 소금으로 지급했다. 그러다가 이 소금을 운반하는 거추장스러움 등이 이유가 되어 나중에는 '소금을 살 수 있을 만큼의 돈', 즉 '살라리움salarium'이 지급되었다. 이 말은 뒷날 프랑스어에 '살라리에salarie' 형태로 도입되었고, 이 단어가 14세경에 영어에 도입된 것으로 추정된다. 이런 과정에서 그 뜻도 '급여'로 정착되었다.

이 말은 근세에 일본으로 도입되어 '월급쟁이'를 나타내는 말이 '사라

리만'으로 통용되기 시작했으며, 이 말은 당연히 우리나라에도 도입되어 '샐러리맨'이라는 말이 지금도 회자되고 있다. '샐러리맨의 비애'라는 말이 1970~80년대에 유행하기도 했다. 나라 전체가 못 살았던 당시에는 월급도 박봉이었는데, '쥐꼬리만 한 월급에 일은 코끼리만큼' 해야 한다고 해서 나온 이야기다. 그런데 경제의 고성장 및 민주화 바람을 타고 대기업을 중심으로 임금이 오르기 시작하더니 노조가 센 몇몇 대기업의 노동자 연봉은 세계적인 수준으로 올랐다. 또한 외환위기 이후 성과급이 확산되면서 몇몇 회사의 임원 연봉은 '지수함수'처럼 솟아났다. 이 결과 이를 제외한 대다수 기업의 월급이나 비정규직 월급은 이들 노동자 및 임원의 급여 수준과는 큰 차이로 벌어졌다. '샐러리맨'들 사이에서도 양극화가 생긴 것이다.

급여 수준이 높은 대기업들도 노동비용이 너무 높아져 가격경쟁력이 갈수록 나빠진다고 아우성이다. '잘나가는' 대기업들의 고위임원 연봉 수준은 수십 억, 수백 억에 달한다고 한다. 이 사람들의 능력이 일반 직원들보다 그만큼 차이 나지 않을 텐데도 말이다. 회사가 생산기지를 해외로 이전하지 않고 일자리를 국내에서 보전하려면 확실히 노동비용을 절감할 필요가 있다. 이를 위해서라도 일부 임원들의 고연봉을 재고해보아야 할 것 같다. '샐러리'는 그 어원대로 생존과 생활에 꼭 필요한 '귀한' 소금을 사는 돈이면 되었지 그보다 훨씬 많은 금액을 바라는 것은 지나친 욕심 아니겠는가?

BENCHMARKING

벤치마킹은 의자와 상관이 없다

'각주구검刻舟求劍'은 『여씨춘추呂氏春秋』 「찰금편察今篇」에 나오는 사자성어다. 춘추전국 시대에 초楚나라의 한 젊은이가 보검을 가지고 배를 타고 양자강을 건너다가 강 한복판에서 실수로 칼을 강물 속으로 떨어뜨렸다. 그는 주머니칼을 꺼내 칼을 빠뜨린 자리를 배에 표시해두었다. 배가 건너편에 닿자 배에 표시해놓은 자리에서 물속으로 뛰어들어가 칼을 찾았으나, 당연히 칼은 없었다. 사람들은 그의 행동을 비웃었다. 각주구검은 어리석고 융통성이 없음을 나타내는 말이다.

나는 1980년대 미국에서 유학하던 시절 '벤치마킹benchmarking'이라는 말이 경영학에서 갑자기 널리 쓰이는 것을 보게 되었다. 아마도 경영

전략 분야에서 비롯된 것으로 보이는데, 당시는 앞서 나가는 기업들의 경영 사례를 '표준'으로 삼아 '그대로' 따라 하는 것이 유행했다. 우리 나라 기업들도 이때부터 외국의 선진 기업들, 특히 '일본 기업 따라 하 기'가 금과옥조인 시기가 한동안 지속되었다. 그런데 이 단어는 시간이 흐를수록 금융 분야에서 더 널리 쓰였다. 바로 펀드 매니저fund manager 들의 성과를 평가할 때 주가지수 등 이른바 '벤치마크 인덱스benchmark index'를 선정하여 비교하는 작업이 갈수록 보편화되었기 때문이다. 예 를 들어 어느 펀드가 좋은 수익률을 기록해도 벤치마크 인덱스의 수익 률보다 낮으면 성과가 저조하다고 평가되는 식이다.

벤치마킹이라는 용어를 처음 접했을 때 나는 앞서 말한 각주구검이 연상되었다. 이 단어를 그대로 뜻풀이하면 벤치, 즉 긴 의자에다 표시 를 해둔다는 것인데, 나중에 그대로 '따라 앉기' 위해 선도 기업 등이 앉아 있는 자리를 표시해둔다는 이미지가 떠올랐기 때문이다. 그래서 벤치마킹은 나보다 '잘하는 자를 따라 하기'라는 뜻이라고 생각했다. 그 러나 나의 선무당격 추정은 완전히 잘못된 것이었다.

원래 이 용어는 측량 분야에서 나왔다. 측량에서 수준 측량, 즉 해수 면으로부터 지표상 한 점의 높이, 또는 두 점 간 높이의 차이를 정밀하 게 측정하기 위해 수직으로 세운 표척을 판독하는 기기를 수준의水準儀 이라고 한다. 그런데 같은 지점을 측량하기 위해서 이 수준의를 이리저 리 움직이면 당연히 측정상 오차가 발생할 것이다. 그러므로 오차를 방지하기 위해 보통 돌을 특정한 지표에 묻고 그 위에 새 발자국 모양으로 홈을 파서 수준의를 올려놓는 장소, 즉 '벤치'로 쓴다. 이 평평한 돌 구조물, 즉 벤치에 새겨진 표시가 바로 '벤치마크'다.

언제부터 이 말이 이 뜻으로 쓰였을까? 사전마다 연도는 다르게 말하고 있으나, 측량 분야에서 이 용어가 쓰이기 시작한 시기는 대체로 19세기 초라고 한다. 또한 이 용어가 어떤 것을 평가하기 위해 필요한 기준점이라는 뜻, 즉 오늘날과 같은 뜻으로 쓰이기 시작한 것은 19세기 말경이라고 한다. 후세에 이 명사가 진화하면서 동사의 의미도 갖게 되었는데, 뜻은 앞서 이야기한 바와 같다.

전술한 대로 1990년대에는 경영학계와 기업계에서 이 용어를 널리 쓰고 그대로 실천하기도 했다. 톰 피터스Tom Peters 같은 전략 이론 전문가들이 이 용어를 퍼뜨리자 우리나라 학계와 기업들도 이를 적극 수용했기 때문이다. 하지만 이에 대한 비판의 목소리도 만만치 않았는데, 이는 '벤치마킹'이 사실상 '카피잉copying', 즉 베끼기를 미화하는 용어일 뿐이라는 것이었다. 실제로 당시 벤치마킹의 대상이었던 일본 기업들의 모든 관행, 심지어 나쁜 관행까지 본받자는 움직임도 있었다. 물론 이 일본 베끼기도 1990년대 말부터 시들해지더니 2000년대 들어서는 아예 일본을 벤치마킹의 대상으로 보지 않게 되었다. 이는 일본 경제의 '잃어버린 10년'이 장기화되고 엔고 추세가 고착되면서 상당수 일본 기업들이 경쟁력을 상실한 탓일 것이다.

1990년대 후반에서 2000년대부터 한국 기업들에게 벤치마킹 대상은 미국 기업, 그중에서도 IT 기업들이었다. 그러나 지금 한국 기업들의 경쟁력은 소수의 선도 기업들을 제외하고는 미국이나 일본 기업들은 커녕 중국 기업들에게도 위협받는 처지에 놓였다. 무엇 때문일까? 미국 기업들을 벤치마킹한다면서 상명하복, 소통부재 같은 기업문화는 그대로 두고 파격적인 성과급이나 섣부른 구조조정 등 외형만을 베끼다 보니 정작 이들 기업의 창의성은 '벤치마킹'할 수 없었기 때문이다. 또한 제조업 분야에서 기술을 중시하는 일본 기업들은 엔고를 견뎌오면서 더 강력한 기술 경쟁력을 갖추었고, 한때 이들을 안중에도 두지 않았던 우리나라 기업들을 다시 멀리 따돌렸다. 상당수 중국 기업들은 가격 경쟁력은 물론이고 기술 경쟁력에서도 한국 기업들을 뛰어넘었는데, 이는 이 기업들이 그간 한국 기업들을 열심히 '벤치마킹'한 덕분이다. 이런 점에서 한국 기업들은 벤치마킹의 대상과 방법을 더 신중하게 선택해야 할 것이다. 더 중요하게는 나보다 못한 경쟁자들에게서도 배우겠다는 겸허한 자세를 다져야 한다.

VALUE & PRICE

가치와 가격의 차이는 무엇일까?

신약성경에는 다음과 같은 내용이 나온다.

"어느 날 예수께서는 부자들이 헌금궤에 돈을 넣는 것을 보시고 계셨는데 마침 가난한 과부 한 사람이 작은 동전 두 닢을 넣는 것을 보시고 이렇게 말씀하셨다. 나는 분명히 말한다. 이 가난한 과부는 다른 모든 사람보다 더 많은 돈을 넣었다. 저 사람들은 모두 넉넉한 데서 얼마씩을 예물로 바쳤지만 이 과부는 구차하면서도 가진 것을 전부 바친 것이다.(누가복음 21장 1~6절, 공동번역)"

종교적 의미와는 별도로 경제학적 관점에서 이 성경구절은 '가격'과 '가치' 간에 차이가 있음을 보여주고 있다. 즉 세상이 생각하는 금전의 액수가 그 가치는 아니라는 것이다. 가격과 가치가 서로 다를 수 있음을 보여주기 위해 거창하게 성경구절까지 동원할 필요는 없다고 느끼는 이들에게는 다음과 같은 우스갯소리를 들려주고 싶다.

몇 년 전 인터넷상에서 '금' 시리즈가 한창 회자되었다. 하느님께서 인간에게 가장 소중한 세 가지 금을 선물해 주셨는데 그것은 바로 '황금, 소금, 지금'이란다. 이 유행어에서 '황금, 소금, 지금'은 같은 가치, 즉 등가等價을 가지는 것으로 전제되어 있다. 그러나 객관적인 가격 산정이 어려운 시간의 개념인 '지금'을 제외하고 현재로서는 '황금'과 '소금'의 가격 차이가 크다는 것은 모두가 아는 사실이다.

'가치이론Theory of Value'이 경제학의 큰 부분을 형성하고 있을 정도로 이런 '가치'에 관한 문제는 경제학의 오랜 과제였다. 오래전부터 수많은 학자가 가치에 대한 정의와 이론을 내놓았다. 예를 들어 재화의 가치는 그것이 소비자에 주는 '효용'에 달렸다는 '효용가치 이론', 그 재화를 생산하기 위해서 투입된 노동의 양과 비용에 의해서 결정된다는 '노동가치 이론'이 유명하다. '교환가치 이론'도 잘 알려져 있다. 그런데 신고전주의 학파가 '가치'란 완전경쟁시장에서 수요와 공급에 의해 결정되는 '가격'이라고 주장한 이후 이 이론이 현대경제학의 주류를 이루어왔다.

'가치'를 뜻하는 영어 단어는 '밸류value'다. 이 말의 어원은 '값어치가 있다'라는 의미를 가진 라틴어 '발레레valere'다. 이 말은 프랑스어로 도입되어 시제tense에 따라 여러 형태로 쓰이다가 영어에는 14세기 말에 이 중 '밸류valu'라는 형태로 들어왔다. 그런데 '가치'를 의미하는 영어 단어는 또 있다. 바로 '워스worth'라는 말이다. 이 말의 어원은 고대 게르만어인 '베르다츠werthaz'인데 그 뜻은 '~를 향하여', '~와 맞먹는'이다. 따라서 어원으로 따지면 '워스'가 여러 가치이론 중에서 '교환가치이론'을 가장 잘 담아낸 셈이다. '가격'에 해당하는 영어 단어는 이제는 초등학생도 아는 '프라이스price'다. 이 단어의 어원은 라틴어 '프레티움pretium'이다. '가격, 가치, 상價'을 뜻한다. 이 말은 프랑스어로 들어와서 '프리스pris'가 되었다. 영어에는 13세기 초에 들어와 쓰이기 시작했다.

참고로 가치, 가격과 함께 경제학과 경영학에서 많이 쓰이는 '비용'에 해당하는 '코스트cost'의 어원도 라틴어 '콘스타레constare'다. 이 말도 프랑스어로 편입되었다가 13세기 초에 영어로 유입되었다. 그런데 이 라틴어 단어의 원뜻은 '~에 서 있다'다. 아마도 어느 재화가 어느 가격대에 '서 있는(위치한) 상태에서 팔리고' 있다고 해서 '비용'이라는 뜻으로 변형되지 않았나 추측할 뿐이다.

앞에서 말한 대로 가치와 가격은 차이가 나는 경우가 많다. 하지만 재무이론에서는 현대 경제학의 주류 이론을 따라 어떤 자산의 가격은 그 가치에 수렴한다고 전제한다. 그리고 그 자산의 가치를 산정한 후 실제 가격과 비교하여 그 자산을 구입하거나 매각하는 결정의 잣대로 삼는다. '자본자산 가격결정모형 Capital Asset Pricing Model'이나 '차익거래 가격결정모델 Arbitrage Pricing Model' 등이 그 대표적인 이론이다. 증권사의 애

널리스트들도 이 모델들을 기초로 작업한다. (실제로는 더 간략한 방법을 쓰기도 한다.) 만약 이렇게 구해진 어느 주식의 '이론적인 가치'가 '현재의 가격'보다 낮으면 '매수 추천'을, 반대라면 '매도 추천'을 한다. 하지만 실제로 매도 추천을 하는 경우가 극히 적어 객관성에 의문이 제기되기도 한다.

어쨌거나 요즘 국내 증시는 새 정부 출범 이후 정치적 불확실성이 해소된 탓인지 역대 최고치를 갱신하고 있다. 하지만 그 내막을 살펴보면 안심할 상황은 아닌 것 같다. 몇몇 리딩 기업을 제외하고는 수익성이 극히 나쁜 상황이다. 특히 제조원가 중에서 인건비 비중이 사상 최고 수준이다. 새 정부의 고용 관련 정책이 이 상황을 더 악화시킬 수도 있어 우려를 자아내고 있다. 그렇다면 현재 이들 기업들의 주가는 그 가치를 제대로 반영하고 있는 것일까?

좀비 기업의 슬픈 사연

영화 007 시리즈에서 주연을 맡았던 배우 중 하나인 로저 무어Roger Moore가 얼마 전 89세의 나이로 별세했다. 그는 역대 최고의 제임스 본드James Bond로 평가되는데, 아마도 이 배우의 능청맞고 여유로운 표정 연기 덕분일 것이다. 그는 총 7편의 007 영화에 출연했는데, 이 중 첫 작품이 1973년에 개봉한 「죽느냐 사느냐Live or Let Die」다. 이 영화의 주요 배경인 카리브해의 가상의 섬 산 모니크San Monique에서 부두Voodoo교의 의식을 관광객 앞에서 공연하는 장면이 있는데, 이 의식에서 죽은 자가 살아 관 속에서 걸어 나오자 관광객들은 공포로 전율한다. 바로 '좀비 zombie', 즉 '죽어 걸어 다니는 자walking dead'다.

세상이 하 수상한 탓인지 몇 년 전부터 좀비를 등장시키는 공포영화가 부쩍 많아졌다. 그전에는 1968년 미국의 조지 앤드루 로메로George Andrew Romero 감독이 만든 영화「살아 있는 시체들의 밤 Night of Living Dead」등 3편의 시리즈가 눈에 띌 뿐이다. 하긴 내 기억 속에는 마이클 잭슨 Michael Jackson이 1980년대 초 전성기에 발표한「스릴러Thriller」라는 노래의 뮤직비디오에 좀비들이 잔뜩 나와 춤을 추는 광경이 남아 있긴 하다. 반면 1980년대에 홍콩에서는 중국판 좀비인 '강시僵屍' 관련 영화가 상당수 제작되면서 큰 인기를 얻었다.

그러나 2000년대 들어 미국에서는「레지던트 이블Resident Evil」(2002) 시리즈가 계속 제작되어 2016년에는 제6편이 개봉되었고,「새벽의 저주 Dawn of the Dead」(2004),「나는 전설이다 I Am Legend」(2007),「웜 바디스 Warm Bodies」(2013),「월드워Z World War Z」(2016) 등의 영화가 흥행에 큰 성공을 거두었다. 최근에는 좀비물이 TV 드라마 시리즈로도 방영되고 있다. 국내에서도 2016년「부산행」이 본격적인 좀비영화로 제작되어 천만 관객을 돌파하는 흥행을 기록했다.

이 '좀비'라는 말은 어디서 비롯되었을까? 영어권에 이 단어가 처음 소개된 것은 로버트 사우디Robert Southey라는 시인이 1819년에 출간한 『브라질의 역사History of Brasil』라는 책에서라고 한다. 사실 사우디는 브라질 반란군의 우두머리 이름을 '좀비Zombi'라고 기록한 것이지 오늘날과 같은 의미로 쓰지는 않았다. 그런데 19세기 후반 서방세계에서는 아이티Haiti의 부두교에서 마법으로 되살아난 죽은 자가 솜비라고 불린다는 사실이 알려지기 시작했다. 이 말은 아프리카 반투족 언어인 '점비zumbi(우상, 숭배물)'나 '엔잠비nzambi(신)'에서 왔다고 한다.

그런데 국내에서는 몇 년 전부터 기업 구조조정의 필요성이 제기되면서 조선, 건설 산업 내의 '좀비 기업'들이 자주 거론되고 있다. 몇 년째 영업이익으로 대출금의 이자를 갚지 못하는 기업들을 그렇게 부르는 것 같다. 은행들이 지원을 끊으면 자칫 파산으로 이어질 수 있어 자체적으로든 채권단의 주도로든 구조조정을 하여 수익성을 회복하지 않으면 그 기업의 장기 생존을 담보할 수 없기 때문이다. 하지만 좀비라는 말을 기업에 적용하기 시작한 것은 그리 오래된 일이 아니다. 1987년 보스턴대학의 에드워드 케인Edward Cane 교수가 당시 대출 부실로 큰 어려움을 겪어 감독당국의 지원으로 연명해가던 저축은행들을 '좀비'라고 부른 것이 효시다.

우리나라에서는 언제부터 이 용어가 본격적으로 쓰이기 시작했을까? 나의 기억으로는 1990년대 말 외환위기 전후로 외국 언론과 증권사들이, 수익성이 바닥에 떨어진 국내 기업과 금융기관을 그렇게 지칭한 이후 널리 쓰이기 시작했다. 최근 보도에 따르면 2015년 말을 기준으로 국내 한계기업의 수는 3,000개 이상이고, 이 중 상장회사만도 200개가 넘는다고 한다. 그렇다면 이들 기업이 이렇게 된 데에는 자기 잘못만 있을까?

지난 20년간 우리나라 경제는 체질이 약화되는 방향으로 진화했다.

이에는 보수, 진보 정권 모두 그 책임에서 자유로울 수 없다. 김영삼 정부는 '준비 안 된' 세계화로 외환위기를 초래했고, 김대중 정부는 이를 수습한다면서 총통화량을 4배 이상 급증시키고 카드 사용을 장려하여, 집값 폭등과 가계부채 급증의 도화선에 불을 당겼다. 노무현 정부는 집값 억제와 지방 균형 발전을 명분으로 여기저기 신도시 건설을 추진했으나, 이렇게 풀린 토지보상금이 오히려 집값을 더 뛰게 만들었다. 이에 따라 가계부채도 계속 급증했다. 이명박 정부는 글로벌 금융위기에 대처한다는 명분으로 고환율정책을 밀고 나가 일부 수출 대기업의 수익을 급증시킨 대신 이들이 주도한 임금 인상이 전 산업 영역으로 확산되면서 상당수 산업이 조기에 '한계산업'화하는 결과를 야기했다. 박근혜 정부도 '단통법(단말기 유통구조 개선법)'과 더불어, 세월호 참사 및 메르스에 대한 미숙한 대응으로 내수를 더욱 위축시켰다.

이런 뒤죽박죽 거시 정책의 결과로 야기된 과잉 투자와 임금 폭등, 내수 위축 등이 바로 이들 기업의 좀비화에 큰 역할을 한 것도 사실이다. 새로 들어선 정부도 이런 실수를 답습한다면 좀비기업들의 수는 줄어들기는커녕 더욱 늘어날 것이다. 그러므로 새 정부가 가장 먼저 할 일은 철저한 자구 노력으로 갱생의 기미가 보이는 기업과 그렇지 않은 기업을 구분하여 전자는 확실히 살리고 후자는 신속히 정리하는 선구안選球眼(야구에서, 투수가 던진 공 가운데 볼과 스트라이크를 가려내는 타자의 능력)부터 발휘하는 것이리라.

CHARISMA

우리 회사 CEO의 카리스마는 '칼 있으마'일까, '칼을 쓰마'일까?

에피소드 1: 성경의 한 구절이다. "성령께서는 각 사람에게 각각 다른 은총의 선물을 주셨는데 그것은 공동이익을 위한 것입니다. 어떤 사람은 성령에게서 지혜의 말씀을 받았고 어떤 사람은 같은 성령에게서 지식의 말씀을 받았으며 어떤 사람은 같은 성령에게서 믿음을 받았고 어떤 사람은 같은 성령에게서 병 고치는 능력을 선물로 받았습니다.(고린도 1서 12장 7~10절, 공동번역)

고린도 서는 바울이 쓴 여러 서간 중의 하나다. 약간의 이설이 있으나 대체로 신약성경의 원전은 그리스어Koine Greek로 쓰여졌다고 알려진다. 위 성경 구절에 나오는 '은총의 선물'은 성경 원전의 '카리스마

charisma'라는 말을 번역한 것이다. 내가 본 영어 성명도 이 단어를 그대로 쓰고 있다. 바울은 성경에 실린 그의 여러 서간에서 '카리스마' 또는 그 단수형인 '카리스charis'라는 말을 16번이나 썼다. 모두 절대자로부터 받은 '은총의 선물'이라는 뜻이다.

에피소드 2: 동유럽 국가들 중 이름에 '가리'가 들어간 나라가 둘 있다. 바로 '헝가리Hungary'와 '불가리아Bulgaria'다. 이 두 나라 국민들은 대다수가 출생 시 엉덩이에 '몽골반점'이 나타나고, 언어도 이웃 나라들처럼 '인도-유러피언'어가 아니라 한국어처럼 '우랄알타이Ural-Altaic'어다. 그래서인지 이 두 나라의 건국 세력이 말갈족, 부여족 등 동방에서 온 몽골계 사람들이라는 설이 유력하다. 이 주장의 옳고 그름은 더 두고 보아야겠으나 이들 나라 이름에 들어가는 '가리'라는 말의 어원이 흥미롭다. '가리'는 고대 몽골어로 '화살'을 가리키는 '가로'에서 왔다고 한다.

이런 주장의 큰 줄거리는 다음과 같다. 본래 흉노나 말갈 등 범凡몽골족은 정복 전쟁 시 어느 지역을 점령하면 원정군의 대장이 그 지역에 오래 머무르지 않는다. 믿을 만한 부하에게 자신의 이름이 쓰여 있는 '화살'을 주면서 자신을 대신해 그 지역을 다스리게 조치한 후, 다음 지역을 정복하기 위해 떠난다. 이렇게 통치권을 위임받은 부하는 이 화살을 징표로 보여준 뒤 그 지역을 다스린다. 후세로 가며 이 화살, 즉 '가로'에서 '다스림을 위임받은 땅'이라는 뜻인 '가리'가 나왔다.

시끌시끌한 탄핵정국이 마무리되고 새 정부가 출범했다. 새로 여당이 된 정당은 '협치'를 하겠다고 공언했지만 웬일인지 정권 출범 이후 정치권의 갈등은 더욱 심해지는 모습이다. 각 당의 대표는 앞다투어 강경발언을 이어가며 '선명성'을 부각시키려 하고 있다. 언론에서는 이들의 강경발언을 비중 있게 다루고, 거친 언사를 즐겨 하는 각 당의 리더급 인사들에 대한 인물평도 빼놓지 않는다. 그런 인물평 중에서 '카리스마가 있다'라는 표현이 자주 나온다. 그래서인지 정치적 '전투력'이 카리스마를 의미하는 것처럼 보이기도 한다.

본래 '카리스마'라는 말은 그리스 신화에서 비롯되었다. 올림푸스의 '으뜸신主神'은 아니지만 '버금신'인 아이글리아Aglaea, 에우프로시네 Euphrosyne, 탈리아Thalia 세 자매는 '카리스 또는 카리테스Charites 여신'이라고 불린다. 그들은 으뜸신들의 몸치장을 돕는 일을 하지만 그 자체로는 매력, 아름다움, 다산 등을 상징한다. 그래서인지 이들의 영어 이름은 '그레이스', 즉 은총의 여신들이다. 이들 여신의 이름은 '카리스'의 복수형이 '카리스마타charismata'이고 여기에서 '카리스마'가 유래되었다. 당연히 그 뜻도 바울 서간에 쓰여 있듯이 '하느님으로부터 거저 받은 은총'이었다. 그리고 여기에서 더 나아가 '친절' '선의'라는 뜻으로도 쓰였다. 물론 이 단어는 유럽 내에서도 오랫동안 주로 신학자들 사이에서 원어 그대로 쓰이는 '전문 용어'로 남아 있었다. 영어에는 17세기경부터 '카리즘charism'의 형태로 도입되어 쓰이기도 했으나 19세기 후반 다시 원형인 '카리스마' 형태로 도입되었다.

그러던 것이 20세기 초 독일의 막스 베버Max Weber가 그 뜻을 정치·사회학적인 영역으로 확장하면서 큰 주목을 받았고, 이때부터 이 단어는 독일어뿐 아니라 영어에서도 널리 쓰이게 되었다. 베버는 그의 저작 『프로테스탄티즘의 윤리와 자본주의 정신Die protestantische Ethik und der Geist des Kapitalismus』(1904, 1905년), 『경제와 사회Wirtschaft und Gesellschaft』(1922년) 등에서 이 단어를 사용하면서 그 뜻을 넓혔다. 그는 한 저서에서 '카리스마'를 "어떤 사람을 보통 사람들과 구별 짓게 만드는 인격적 특질이며, 보통 사람들은 가질 수 없고 하늘로부터 받았거나 매우 뛰어나 그것을 가진 사람을 리더로 받아들이게 만드는 것"이라고 정의했다.

베버 이후 이 단어는 서구세계에 널리 퍼지면서 현재는 리더의 '권위'나 '거부할 수 없는 개인적 매력'이라는 의미로 쓰인다. 실제로 『웹스터 사전Webster Dictionary』은 카리스마가 공公적으로는 정치인 등 한 개인에 대해서 대중의 충성심과 열광을 유발하는 리더십의 마법, 사私적으로는 특별하게 끌리게 하는 매력이나 호소력을 뜻한다고 되어 있다.

요즘 우리나라의 기업계에서 CEO 등 최고경영진의 리더십을 표현할 때에도 이 단어는 꼭 나온다. 그런데 장기간 이어지는 불황 탓인지 언제부터인가 정치권에서처럼 이 단어는 '전투력'이나 '추진력', 더 나아가 '공포'라는 단어와 연관되기 시작했다. 내가 주위 사람들에 물어본 바에 따르면, '카리스마가 강한 리더'의 이미지는 '커다란 비전과 능력을 바탕으로 경영상의 난관을 불굴의 의지로 극복해 나아가되, 그 과정에서 발생하는 아랫사람의 반발 따위는 무시하거나 필요에 따라 무자비한 강제력으로 누르는 존재'로 인식되는 것 같다. 그러나 경영의 역사를 돌아보면 이런 리더십은 위기 시에는 단기간 위력을 발휘할 수 있겠지만 조금만 지나면 조직의 자발성과 창의성이 현저히 떨어지면서 '지속 가능한 성장의 경영'이 불가능한 상황으로 이어진다는 것을 여러 사례가 보여주고 있다.

그러므로 앞서 언급한 몽골계 부족의 '화살'처럼 지속적이고 장기적인 회사의 성장을 원하는 CEO의 카리스마는 주주로 받은 권위를 상징하는 '칼 있으마'에 머물러야지 언제든지 공포의 수단을 행사하겠다는 '칼을 쓰마'가 되어서는 안 될 것이다. 리더십과 관한 한 칼은 역시 칼집 안에 있을 때가 가장 힘이 있는 법이다. 그리고 카리스마의 원래 뜻은 은총과 여기에서 비롯된 친절이 아니던가?

FRANCHISE

프랜차이즈와 프랑스는
모두 도끼에서 나왔다?

몇 년 전부터 '갑질'이 사회적으로 큰 이슈가 되어 공분을 불러일으키고 있다. 대기업 총수와 그 가족들의 부적절한 행동에서 큰 회사가 하청업체에 가하는 부당한 일 처리에 이르기까지 여러 유형의 갑질 문제가 부각되어왔다. 이 중에서도 '프랜차이즈franchise'를 둘러싼 갑질도 빠지지 않는 단골 논란거리다. 얼마 전만 해도 한 피자 프랜차이즈 회장이 경비원을 폭행하고 이 회사가 가맹점을 상대로 과도한 이익을 추구해 큰 문제가 되었고, 얼마 안 있어 한 치킨 프랜차이즈 업체의 회장이 여비서 추행 혐의로 피소를 당했다.

그런데 프랜차이즈란 말의 어원이 나라 이름 프랑스France의 어원과 같다는 점이 흥미롭다. 즉 오늘날 프랑스와 독일을 세운 게르만의 여러 부족 중 하나인 프랑크Franc족의 이름이 France와 Franchise의 어원인 것이다. 프랑크족은 4세기 초부터 로마의 북쪽 국경을 침범해왔다. 이 민족이 이런 이름을 가지게 된 데에는 여러 설이 있다.

첫째, 지금은 없어졌지만 범凡게르만어로 '사나운', '대담한', '무례한'이라는 뜻을 가진 한 단어에 유래했다는 설이다. 예를 들어 이 단어에서 유래된 것으로 보이는 현대 독일어의 '프레시frech', 중세 네덜란드어의 '프락frac'도 같은 뜻이다. 실제로 프랑크족은 용감하고 야만스러우며 무모한 전사였다고 한다.

둘째, '장창長槍'을 뜻하는 범凡게르만어 단어에서 유래되었다는 설이다. 예를 들어 이 단어에서 유래되었다고 하는 고대 영어 단어는 '프랑카franca'다. 프랑크족은 전투에 임하면 멀리서부터 장창을 잘 던져 적을 제압했다고 한다. 이 설에서 조금 더 나아가 '도끼'에서 이들의 이름이 왔다는 주장도 있다. 라틴어로 '프란시스카francisca' 또는 '프란세스카francesca'라는 손도끼가 있는데, 프랑크족은 전투할 때 적의 방패도 뚫는 이 양날도끼를 멀리서 던져 적의 전열을 흩뜨리고 기선을 제압했다. 비잔틴제국의 역사가인 프로코피우스Procopius(500~565)는 프랑크족의 이러한 전투 패턴을 다음과 같이 묘사했다.

각 병사는 검과 방패 그리고 도끼를 가지고 다닌다. 이 도끼의 쇠 부분은

두껍고 양날은 극도로 날카롭나. 그리고 나무 손집이는 매우 짧다. 그들은 첫 번째 공격에서 항상 단 한 번의 신호에 일제히 이 도끼를 던지는 데 익숙했다. 그리고 그 도끼들은 적의 방패를 부수고 적들을 죽인다.

그러나 이 장창이나 도끼에서 프랑크족의 이름이 왔다는 주장은 무리가 있어 보인다. 사실은 그와 반대로 이들이 그런 무기를 사용하여 이름이 그렇게 붙여졌다는 것이 더 합리적으로 들린다. 실제로 7세기 초 추기경이자 학자인 성聖 이시도루스Isidore of Seville는 저서 『어원 또는 근원Etymologiarum sive originum』의 「전쟁편 libri」에서 "프랑크족이 사용하기 때문에 프란시스카라는 이름이 붙은 것"이라고 썼다.

그런데 이런 프랑크족은 그 이름의 어원대로 매우 거칠고 다루기 힘든 투사들이었다. 로마는 지금의 프랑스가 위치한 갈리아 지방을 점령한 후에도 이들을 완전히 복속시키지 못했다. 그래서 이들 중 일부를 이 지역에 정착시키고, 젊은이들은 로마군대로 편입해 라인강 너머 다른 프랑크족이나 여타 야만족을 억제하는 데 요긴하게 이용했다. 그 대가는 '세금 면제'였다. 이들에게 부여된 이런 특권은 프랑스어로 '프랑시즈franchise'라고 불렸다. 오늘날의 프랑어로도 '자주권' 또는 '자치권'이라는 뜻이 있다. 이와 관련하여 '프랑크frank'라는 말은 영어에도 도입되어 오늘날 '솔직한'이라는 의미로 쓰이지만 예전에는 '자유로운'이라는 뜻도 있었다. 하지만 사전을 찾아보면 이 '솔직한'이라는 뜻도 '때로는 남을 불편하게 할 수 있을 정도로 솔직한'으로 되어 있어, 프랑크의 원뜻 '무례한'을 짐작하게 해준다.

로마가 멸망한 뒤에 프랑크족은 옛 로마 영토 대부분에 프랑크 왕국을 세웠다. 그러나 9세기경 루드비히Ludwig 1세의 아들들에 의해 동프랑크, 서프랑크 등으로 분열되었고, 이 중 서프랑크가 오늘날의 프랑스가 되었다.

영어에 프랜차이즈라는 말이 들어온 것은 14세기 초다. 그 뜻은 프랑스어와 마찬가지로 '자유', '면세권', '자치권' 등이었다. 이후 18세기에 '투표권'으로 그 뜻이 넓어지다가 1950년대 이후 '어느 회사가 개인이나 단체에게 특정 지역에서 자사의 물건이나 서비스를 팔 수 있는 권한을 부여한 것'으로 확장되었다.

세계적으로 프랜차이즈의 역사에서 어떤 것이 효시였느냐에 대해서는 아직도 의견이 분분하다. 예를 들어 서양의 중세에 영주가 자기 대신 세금을 걷는 사람들을 모집하여 지역을 할당하고 이들로 하여금 일정 액수 이상으로 걷은 세금은 가질 수 있게 만든 것이 프랜차이즈 비즈니스의 시작이라는 설이 있다. 18세기 영국에서 양조업자들이 만든 선술집pub 체인이 처음이라는 주장도 있다. 미국 건국의 아버지 벤저민 프랭클린Benjamin Franklin이 1731년에 만든 인쇄업 체인이 그 효시라는 설도 있으며, 1891년 마사 마틸다 하퍼Martha Matilda Harper라는 여인의 미용실salon 프랜차이즈가 최초라는 주장도 있다. 하지만 재봉틀 제조사인 '더 싱어 컴퍼니The Singer Company'가 1850년대 중반 현재와 비슷한 계약구조를 가지고, 자사 제품을 전국적으로 보급하기 시작한 것이 현대 최초의 프랜차이즈업이라는 설이 가장 보편적으로 받아들여지고 있다. 2016년 현재 미국의 프랜차이즈 업소는 약 74만 개이며 여기에 고용된 인원은 764만 명에 달하고, 미국의 국내총생산GDP의 3.6퍼센트를 차지한다. 미국인들은 맥도날드McDonald's, 서브웨이Subway, 던킨도너츠Dunkin Donuts 등 패스트푸드 업체, H&R 블록Block 세무처리 업체 체인 등 실생활에서 항상 프랜차이즈 업소들과 밀접한 관계를 맺고 있다.

미국처럼 복잡하지는 않지만 우리나라도 최초의 프랜차이즈에 대한 주장이 여럿 있다. 1975년에 개점한 림스치킨, 1979년 7월 동숭동에 오픈한 난다랑, 1979년 10월 소공동에 1호점을 낸 롯데리아가 최초라는 주장도 있다. 그러나 한국공정거래조정원은 국내 프랜차이즈 가운데 가맹사업 기간이 가장 긴 브랜드는 39년째 사업을 이어온 림스치킨이라고 밝힌 바 있다. 우리나라도 프랜차이즈 영업소의 수가 만만치 않다. 역시 한국공정거래조정원의 발표에 따르면 2015년 말 현재 전체 가맹점 수는 21만8,997개로서, 이 중 편의점이 3만846개로 가장 많았으며 치킨 2만4,678개와 한식 1만9,313개가 그 뒤를 이었다. 그만큼 미국에서처럼 한국인들의 삶에서 프랜차이즈가 차지하는 비중은 지대하다고 할 수 있다.

그러나 현재 프랜차이즈 산업이 큰 위기를 맞고 있다. 프랜차이즈 가맹업주franchisee나 프랜차이즈 본사franchiser 모두가 매우 안 좋은 상황으로 달려가고 있는 것이다. 예컨대 2015년 기준으로 전체 가맹점의 연평균 매출액은 3억 824만 원으로 1년 전보다 9.8퍼센트 떨어졌고, 이 한 해 동안 4만1,851개의 가맹점이 새로 문을 열었으나 이 절반이 넘는 2만4,181개는 문을 닫았다. 이는 가맹업주의 악화된 수익성을 대변한다. 또 프랜차이즈 본사는 앞서 언급한 대로 최고경영자의 갑질, 본사의 권리 남용과 과도한 이익 추구 등으로 지탄받고 있다. 이는 당연히 당국의 개입을 초래하여 공정거래위원회 등의 제재가 이어지고 있다. 얼마 전 한 제과 프랜차이즈는 당국에 의해서 인력파견업체 소속으로 각 가맹점에 일했던 제빵사들을 직접 고용하라는 지시를 받아 이를 이행하느라 곤욕을 치른 바 있다. 정말로 프랜차이즈 가맹업주와 본사 모두 잘될 수 있는 '솔로몬의 지혜'가 절실한 시점이나, '단통법'에서 보듯이 당국의 개입이 결코 썩 좋은 해법은 아닐 것 같다. 어쨌든 '프랜차이즈'라는 말의 원뜻은 '투쟁으로 얻은 자유'와 '자치권'이 아니던가?

SNIPER

우리 회사의 '저격수'급
인재는 누구일까?

2014년에 개봉된 할리우드 영화 「아메리칸 스나이퍼American Sniper」는 이라크전에서 저격수로 활약한 크리스 카일Chris Kyle이라는 사람의 실화를 영화로 옮긴 것이다. 카일은 160명이나 되는 적을 사살한 전공을 세웠다. 그러나 이 영웅의 끝은 좋지 않았다. 같은 미군 저격수 출신이지만 전쟁 후 정신이 이상해진 자에 의해 살해당했다.

2017년 우리나라에서는 탄핵당한 대통령의 후임을 뽑는 선거가 끝나 새 정부가 출범했다. 그보다 1년 앞서, 국회의원을 뽑는 총선도 치러졌다. 두 선거 모두 상대 후보에 대한 비방전이 과열되고 막말이 난무하는 등 조용하게 넘어가지 못했다. 그중에는 2016년 총선이 실시되기 직전, 당시의 한 야당 후보 캠프가 대통령에 대한 '저격수'가 되겠다는 포스터를 SNS에 올렸다가 심한 역풍을 맞은 사건도 있었다. 그런데 이 사건 이전에도 언제부터인지 정치권에서는 '저격수'라는 말을 즐겨 쓰고 있다. 실제로 여야를 막론하고 '○○○ 저격수'라고 불리는 국회의원도 여럿 나타났다. 물론 이들의 이미지가 그리 좋아 보이지는 않는다. 하지만 소속 정당으로선 이 의원들의 전력을 요긴하게 백분 활용할 수밖에 없는 것도 사실이다.

본디 군대에서 저격수란 자신을 은밀히 숨긴 상태로 장거리에서 뛰어난 사격 실력으로 한두 발을 발사해 적을 제거하는 임무를 맡은 병사를 뜻한다. 그래서 사격 실력이 가장 뛰어난 저격수를 뜻하는 영어 단어 '스나이퍼sniper'는 '스나이프snipe', 즉 '도요새를 쏘아 잡는 사람'이라는 뜻이다. '스나이프'의 어원인 범凡게르만어 '스니파snipa' 역시 그 뜻은 도요새이며, 14세기경부터 영어로 들어와 쓰이기 시작했다.

도요새는 철새이며, 번식 환경은 해안의 늪지에서 산간지역에 이르기까지 여러 형태의 습지나 초원으로 알려져 있다. 길이 13∼66센티미터로, 크기가 다양하며 털빛의 위는 갈색이나 회색 얼룩, 아래쪽은 옅은 색 위장용 깃털을 지녔다. 비교적 긴 날개와 짧은 꼬리가 특징이고, 다리와 목이 긴 종류도 많다. 도요새는 비행 속도가 빠르고 지구력이 뛰어나며 행동이 매우 민첩하다. 몇 년 전에 과학자들은 이 새의 한 종류가 스웨덴에서 사하라 사막의 남쪽까지 6,700킬로미터에 이르는 거리를 쉬지 않고 단 이틀 만에 이동하는 것을 발견했다. 평균 시속이 97 킬로미터에 달한 것이다. 이런 긴 거리를 이렇게 짧은 시간에 이동하는 새로는 도요새가 유일하다고 한다. 또 도요새는 사냥하기가 무척 힘든 새로 알려져 있다. 이 새가 일단 위험을 감지하고 날아오르면 요리조리 불규칙한 비행 패턴으로 도망가는 통에 총으로 잡기가 거의 불가능하다. 이렇듯 빠르고 기민한 이 새를 잡아내는 사람은 예로부터 사격 실력이 매우 뛰어난 사람으로 인정받았다고 한다.

서양에서는, 총이 본격적으로 전장의 주역으로 떠오른 18세기부터 저격을 주 임무로 하는 이들이 나타났다. 뛰어난 저격수를 보유한 군대의 지휘관은 이들의 활약으로 전장의 판세를 뒤집기도 한다. 또 저격수는 경제적으로도 매우 효율적인 전투 수단이다. 베트남전에서 적군 한 명을 사살하기 위해 보통의 미군 병사는 평균 5만 발을 발사했지만, 저격수는 평균 1.3발을 발사했다는 통계도 있다.

그렇다면 전쟁 역사상 가장 뛰어난 저격수는 누구일까? 거리 면에서는 지난 2002년까지 미국의 카를로스 해스콕Carlos Hathcock이라는 해병대 상사가 베트남전쟁에서 기록한 2,286미터가 가장 긴 저격 거리였다. 해스콕은 적 97명을 저격으로 쓰러뜨렸다. 하지만 이후 탄도계산기, 광학, 총기, 탄환 등 관련 기술의 발달로 2002년 캐나다의 애런 페리Arron Perry라는 병사가 아프가니스탄 전쟁에서 2,310미터로, 기록을 갈아치웠고, 2017년 5월에는 캐나다의 한 병사가 이라크 내전에서 3,540미터 떨어진 곳에 있는 적을 저격하여 새로운 기록을 세웠다. 그러나 단순히 거리가 길다고 뛰어난 저격수는 아니다. 적을 얼마나 많이 사살했는지는 둘째 치고, 당시 기술의 한계를 뛰어넘는 그 자신만의 능력도 고려해야 한다.

이런 면에서는 제2차 세계대전 중 독일-소련전에서 활약한 소련 저격수들이 유명하다. 이들 중에서도 가장 유명한 사람은 아마도 영화 「에너미 앳 더 게이트Enemy at the Gate」에 나오는 바실리 자이체프Vasily Zaytsev와 여성 서석수로서 직군 309명을 집은 류디밀라 피브리첸코Lyudmila Pavlichenko일 것이다. 그러나 자이체프가 기록한 242명은 다른 쟁쟁한 소련군 저격수들의 기록에 비하면 그리 빛날 것이 없어 보인다. 잘 알려지지는 않았지만 500명 이상을 사살한 바실리 크바찬티라체Vasilij Kvachantiradze과 이반 시도렌코Ivan Sidorenko을 비롯하여 400명 이상의 사살 기록을 세운 소련 저격수들은 7명이나 된다.

하지만 전문가들 사이에서 지금까지 역사상 가장 위대한 저격수로 평가받는 사람은 아마도 핀란드의 시모 해이해Simo Häyhä일 것이다. 전쟁 전에는 평범한 병사에 지나지 않았던 그가 소련이 조국을 침공한 '겨울전쟁(1939~1940)'에서 100일이 채 안 되는 기간 동안 적군 505명을 저격으로 사살했고, 이에 더해 적군 200명을 기관단총으로 사살했다. 그에 대한 소련군의 공포는 극에 달했다. 눈에 띄지 않게 눈 속에서 하얀 위장복을 입고 쏘아대는 그에게 '하얀 죽음White Death'이라는 별명을 붙일

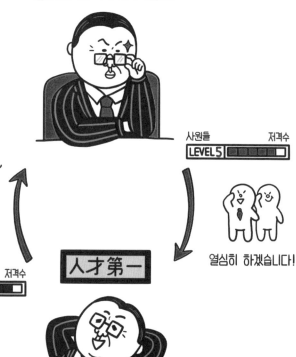

하지만 교육훈련은 없어

정도였다. 더 놀라운 것은 해이해의 총에는 망원경이 달려 있지 않았다. 매번 맨눈으로 상대를 저격했다. 그는 전쟁 후에도 살아남아 96세까지 천수를 다했다. 말년의 그에게 훌륭한 저격수가 되는 방법을 묻자 그는 이렇게 대답했다. "끊임없는 '훈련'이죠."

기업에도 훌륭한 저격수가 필요하다. 가령 임직원들 중 누구도 풀지 못하는 어려운 문제가 생겼을 때, '저격수'급 인재 한 명이 나타나 이를 쉽게 푸는 경우를 나는 많이 보았다. 물론 이들은 사내 임직원들 중 한 명으로서, 위급할 때 그 신가를 발휘한다. 삼성의 이건희 회장이 '21세기는 한 사람의 인재가 수만 명을 먹여 살리는 시대'라고 설파했듯이, 이제는 저격수급 인재의 보유 여부가 기업의 흥망을 결정할 정도로 경영 환경이 변했다.

불황이 장기화되면서 요즘은 기업마다 교육훈련 예산을 점점 더 줄이는 추세라고 한다. 그런데 이들 저격수급 인재들이, 시모 해이해의 말대로 타고나기보다는 교육과 훈련을 통해서 육성되는 것이 맞는다면, 이는 우리 기업들의 미래가 그리 밝지 않다는 것을 의미한다. 삼성의 창업자인 이병철 회장의 경영이념인 '인재제일人才第一'은 시대가 바뀌어도 진리 같다.

ACCOUNTING & AUDIT

회계감사의
핵심은 잘 듣는 것이다

에피소드 1: 2016년경에 재미있는 할리우드 영화가 개봉되었다. 바로 「어카운턴트The Accountant」다. 주인공은 밴 애플렉Ben Affleck이라는 잘생긴 배우였고, 크리스천 울프Christian Wolff 라는 배우가 '어카운턴트', 즉 회계사 배역을 맡아 열연했다. 영화의 줄거리는 다음과 같다. 자폐아이지만 숫자에는 천재적인 재능이 있는 주인공이 성장하여 회계사가 되어 작은 마을에 회계사 사무실을 열었다. 그러나 이는 위장일 뿐이고 세계적인 범죄조직의 돈세탁을 해주고 큰돈을 번다. 그의 행적을 의심한 당국에서 그를 추적하자, '합법적인' 일을 하기로 결심한 후, 기업 공개를 앞둔 유망 기업의 요청을 받고 '합법적인' 일을 맡아 내부 비리를 밝혀낸

64

다. 그러나 이 일로 인해 목숨이 위태로워진 그는 자기를 죽이려는 적들에게 반격에 나선다.

1988년 개봉된 「미드나이트 런Midnight Run」을 비롯하여 회계사를 주인공이나 모티프로 쓴 영화들은 꽤 있다. 그중 대부분은 범죄조직의 회계를 맡아주다가 일이 잘못되어 범죄조직과 사법 당국 양쪽에 쫓겨 죽을 뻔하거나 죽기도 한다는 이야기다. 일본이나 우리나라에서도 범죄조직이나 특정 세력의 회계를 맡았던 사람들이 변사체로 발견되었다는 뉴스가 종종 보도된 적이 있으니 영화가 순전히 픽션은 아닌 것 같다.

에피소드 2: 몇 년 전 '폭스바겐Volkswagen'이라는 독일의 자동차 그룹은 큰 스캔들에 휘말렸고 최고경영자가 사임했다. 미국의 배출가스 시험을 통과하기 위해서 엔진의 소프트웨어를 조작했기 때문이다. 주가는 폭락하여 기업 가치도 크게 훼손되었다. 폭스바겐은 1937년에 설립되었다. 히틀러가, '두 명의 성인과 세 어린아이를 태우고 시속 100킬로미터로 달릴 수 있는' 성능과 보통 사람들도 살 수 있는 가격을 요구하여 탄생한 국영기업이다. '보통 사람들Volks의 자동차Wagen'라는 회사 이름 자체가 그 배경을 시사한다.

이후 발전을 거듭한 이 회사가 M&A 등으로 확보한 브랜드는 아우디Audi, 포르셰Porche 등 12개나 된다. 이 중 폭스바겐 이외에 이 자동차 그룹에서 가장 역사가 오래되고 중요한 브랜드는 아우디다. 아우디라는 이름은 아우구스트 호르히August Horch라는 엔지니어가 20세기 초 설립한 회사 이름에서 비롯되었다. 그는 회사 이름을 자신의 이름을 따서 지었으나 몇 년 후 이 회사를 매각했다. 그는 곧바로 새 회사를 설립하고 다시 자신의 이름을 회사 이름으로 쓰고 싶어 했으나 자신이 매각한 회사에서 상표권 침해 소송을 걸어와 단념했다. 대신 자기 이름의 뜻, 즉 '듣다 (horch는 영어로 hear)'의 라틴어 어근語根인 '아우디audi'를 회사 이름으로 차용했다. 이후 이 회사는 우여곡절 끝에 1966년 폭스바겐에 인수되었다. 이 자동차 그룹의 주요 브랜드에 '보통 사람'이라는 뜻과 '듣다'가 있는 것은 결국 친환경차를 제대로 만들어달라는 '고객의 소리를 잘 듣겠다'는 것인데 최고경영진이 그렇지 못한 데서 이런 사태가 야기된 것이다.

회계사를 뜻하는 영어 단어 '어카운턴트accountant'는 '어카운트account'라는 단어에 나온 것이다. 영한사전을 찾아보면, '어카운트'의 뜻으로 '계좌, 장부, 고객 계정, 설명' 등이 나온다. 이 단어의 어원은 '합산'을 의미하는 라틴어 단어 '콤푸타레computare'다. 물론 이 말 자체도 '같이, 더불어'를 의미하는 'com'과 '세다'를 뜻하는 'putare'의 조합으로서, 단어 그대로 해석하면 '같이 모아서 세다', 즉 '합산하다'인 것이다. '컴퓨터'의 어원도 이것이다. 이 단어는 이후 프랑스어로 도입되어 지금은 사라진 옛말 '아콩트acont'가 되었는데 '계산하기'라는 뜻이다. 영어에는 14세기 초에 들어와 프랑스어와 마찬가지로 '셈하기' 등으로 쓰이다가 17세기에는 '거래 기록', 19세기에는 '계좌' 등으로 그 뜻이 확장되었다. 17세기에는 '주인 등에게 거래 기록을 제시하다render an account'에서 '설명, 해명'이라는 뜻도 생기기 시작했다.

아마 이 단어는 현대 자본주의의 근간을 일컫는다 해도 과언이 아닐 것이다. 자본주의는 시장경제를 그 존립 기반으로 삼는데, 시장경제는 모두 거래와 계약을 통해서 그 생명력을 유지하여 발전한다. 그런데 이 '거래'와 '계약'은 당사자 간에 신뢰가 전제되어야 성사될 수 있다. 특히 사업체와 사업체 간에는 더욱 그러하다. 그 신뢰를 가능케 하는 기반이 '회계'다. 또 국가와 사업체의 관계에서도 사업상 여러 권리의 법적 보호를 위해서, 그리고 정당한 세금 납부와 징수를 위해서 회계가 필요하다.

그래서인지 회계의 역사는 메소포타미아Mesopotamia 문명까지 거슬러 올라간다. 서양에서는 1494년 이탈리아에서 루카 파치올리Luca Pacioli가 '복식부기' 기법을 최초로 정리했다고 알려지고 있다. 그런데 최근 우리나라에서는 이보다 앞서 이미 고려시대에 개성상인들이 사실상 복식부기 방식을 정립하고 통용하기 시작했다는 주장이 나오고 있다. 이후 회계의 원칙은 여러 번 다듬어지고 정비되어서, 각국의 사업체들이 GAAP Generally Accepted Accounting Principles, IFRS International Financial Reporting Standards 등 오늘날 전 세계적으로 통용되는 회계 기준들에 맞추어 장부를 기록하고 있다.

회계의 목적과 기능은 이렇듯 외부적으로는 사업체의 경영활동을 투명하게 알려 외부의 이해관계자가 합리적인 의사결정을 할 수 있도록 만들어주는 것 이외에도 내부적으로 부정을 방지하고, 최고경영진에게 회사 경영 상태를 정확히 전달하여 합리적인 의사결정으로 경영 효율을 증대시킬 수 있도록 한다.

　그러나 '한 명의 도둑을 열 사람이 막지 못한다'는 속담처럼 회계 기준을 아무리 강화해도, 이를 지키지 않을 수많은 유인이 있을 수밖에 없다. 그래서 감사鑑査가 필요한 것이다. 감사 행위는 횡령, 도난 등 부정을 적발하고 감시하는 목적도 있으나 객관적이고 정확해야 할 회계 자체에 대한 점검 목적도 있다. 이 '감사'를 뜻하는 영어 단어가 '오딧audit'이다. 어원은 '듣기', '경청하기'라는 뜻의 라틴어 '아우디투스auditus'다. 영어에는 15세기 초에 도입되었다. '듣기'가 감사의 뜻으로 쓰인 이유는 원래 '감사'란 주인이 고용한 감사인이 회계를 담당하는 사람으로부터 설명과 해명을 듣는 행위였기 때문이라고 한다.

　그러나 거듭되는 회계 기준 강화와 감사 기법 진화가 무색하게도 21세기 초 미국의 엔론Enron이라는 에너지 그룹이 대규모 분식회계粉飾會計로 부실을 은폐하고 막대한 자본을 조달한 후 파산하는 등 세계적으로 회계 부정 사건이 근절되지 않고 있다. 우리나라도 예외가 아니다. 요즘도 기업의 회계 부정 스캔들이 간간이 터져나오고 있고 앞으로도 그럴 것 같다. 또한 관리 회계와 자체 감사를 강화해도 기업 내부의 부정과 비리 또한 좀처럼 없어지지 않는 것 같다.

　여러 기업을 경영하고 부실기업도 여럿 살려내는 등 훌륭한 커리어를 뒤로 하고 이제는 은퇴한 전직 경영인에게 들은 이야기가 있다. 그는 내가 현역에 있을 때 조직 내 '소통'을 누누이 강조하며 조언을 아끼지 않았던 선배였다. 언젠가 그는 나에게 자기가 맡았던 회사는 실적이 부진한 적은 있으나 횡령, 도난 등 부정한 일은 없었다고 자부한다고 말했다. 그 비결이 뭐냐고 물어보았는데, 그의 답은 간단했다. "임직원들의 목소리를 끊임없이 경청하는 것." 그의 말이 사실이라면 최고의 '감시'란 그 어원대로 '잘 듣는 것'이라는 생각이 든다.

Cost

'가성비'란 '비용을 남과 함께
많이 나눌수록 더 좋다'라는 뜻?

국내 제일의 영화 제작 회사에 종사하는 선배에게 들은 이야기다. 몇 년 전 해양 재난 영화를 찍을 때였는데, 집채만 한 파도가 유조선을 덮치고 해안으로 밀려들어 교량과 빌딩을 휩쓰는 장면이 필요했다. CG(컴퓨터 그래픽)로 처리하려 했으나 당시의 기술 수준이 조금 모자라서인지 일부 시험 제작한 신scene이 도통 실감이 나지 않았다. 그래서 제작진은 일부는 CG로 하되 나머지는 미니어처miniature 촬영을 하기로 결정했다. 그런데 문제가 생겼다. 국내 전문업체에 미니어처 촬영을 발주하려고 하니 견적이 수십억 원이었다. 세트가 되어줄 커다란 풀장을 만들고 그 속에 파도 발생기를 설치하려면 그만큼의 공사비와 장비 구입비가 필요했던 것이다. 국내의 다른 업체들도 엇비슷한 견적을 내왔다. 제작 예산도 빠듯한데, 그 예산의 절반이나 되는 돈을 들여 이 몇 장면을 찍을 수는 없으니 참으로 난감했다. 그런데 혹시나 해서 평소 교류가 있던 할리우드 업체에 문의했더니 1만 달러 정도에 이 장면을 찍어주겠다는 응답이 왔다. 믿기 힘들었지만 워낙 명성이 자자한 업체라 제작진은 속는 셈 치고 카메라 장비와 교량, 유조선 등 미니어처 소품들을 가지고 LA로 갔다.

수발에 노착하니 ㄱ쪽 업체에서 촬영은 월요일에 진행될 데니 푹 쉬라고 했다. 월요일 아침, 조금은 불안한 마음으로 업체가 내준 차를 탄 제작진은 한 시간여 만에 LA 근교에 있는 큰 쇼핑몰 주차장에 도착했다. 월요일이라 손님이 거의 없어 텅 빈 넓은 주차장의 중앙에는 도로 중앙분리대로 사용하는 시멘트 블록들을 축구장 모양과 크기로 빙 둘러 배치해놓았고, 그 위에 초대형 파란색 방수포를 덮어 큰 풀장의 모습을 갖추었다. 이렇게 급조한 풀에, 근처에 있는 소화전을 열어 물을 거의 가득 채웠고, 먼저 전달한 소품들은 적당히 자리 잡고 있었다. 또한 그 풀의 네 면 중 두 면에는 대형 선풍기 여러 대를 일렬로 놓았다. 그리고 촬영이 시작되기 직전, 큰 판자 하나씩을 국내 제작진에게도 나누어주더니 풀 속 한 켠에 들어가 서서 촬영감독의 신호에 맞추어 '열심히' 물을 저어 앞으로 보내라고 했다. 드디어 촬영이 시작되자 선풍기들이 일제히 돌아가고 '인간 파도 발생기'들이 '열심히' 제 일을 하니 제작진이 그토록 원하던 '거센 해일과 바람' 장면이 나왔다.

언제부터인지는 확실치 않으나 인터넷 블로그, 카페, 쇼핑몰 등에는 가성비價性比라는 말이 자주 등장한다. '가성비 짱', '가성비 끝판왕' 등 속어와 섞여서, 또는 '랭킹 최고의 가성비' 등 조금 더 공식적인 표현의 형태로 쓰이고 있는 것이다. '가성비'란 문자 그대로 '지불한 가격 대비 성능의 비율'을 뜻한다. 가성비가 좋다는 것은 어떤 재화에 지불한 돈에 비해 재화의 성능이 좋아 소비자가 만족하는 정도도 높아진다는 의미일 것이다. 앞서 제시한 영화계 선배가 말해준 사례는 정말로 '가성비의 끝판왕'이라 할 것이다.

그런데 내가 본 몇몇 영어사전에서는 가성비를 'cost effec-tiveness'라고 번역해놓았다. '들어간 비용이 얼마나 큰 효과를 거두었느냐'를 측정한다는 뜻이다. 하지만 좀 더 공식적인 영어 용어는 '코스트/베니핏 레이시오cost/benefit ratio'나 '베니핏/코스트 레이시오benefit/cost ratio'라고 해야 맞아 보인다.

'코스트cost'는 가격보다는 '비용'을 일컫는 말인데, 그 어원이 흥미롭다. 이 말의 어원은 '함께com, con 서 있기stare'라는 뜻의 라틴어 '콘스타레constare'로서, '~의 위치에 서 있기'라는 뜻도 있었다. 여기에서 '~만큼의 비용이 들기'라는 뜻도 파생되었다. 이것이 프랑스어로 도입되면서 '코스트cost'라는 형태가 되었고, 영어에는 13세기 초에 이 형태로 들어왔다. '함께 서 있기'든 '어느 위치에 서 있기'든 이것이 어떻게 비용이라는 의미를 가지게 되었는지는 그 근거가 확실치 않다. 내가 상상력을 발휘해본 결과, 아마도 로마 시대에도 거리에서 물건을 팔던 상인들이 바닥에 숫자가 순서대로 적힌 긴 막대를 깔아놓고 그 앞에 그 숫자만큼의 가치가 있는 상품들을 진열하지 않았을까 싶다. 이런 식으로 손님은 물건과 가격을 동시에 보고 구매하거나 흥정할 수 있었고, 상인들도 처음부터 '이건 얼마냐'는 식의 질문에 답할 필요 없이 어느 정도 구매의사가 있는 고객만 상대하면 되었을 것이다. 현대 영어에서도 'stand at ○○ dollars'라는 관용구가 '○○달러에 팔린다'는 뜻이니 나의 상상이 100퍼센트 엉터리일 것 같지는 않다.

'베니핏benefit'의 어원도 라틴어다. 바로 '베네팍툼benefactum'인데 이는 '좋은bene 행동facere', 즉 '선행善行'이라는 뜻이다. 이 단어가 프랑스어로 편입되면서 '비앙페bienfait'가 되었고, 14세기 말 영어에는 '베니핏benefit'의 형태로 들어왔다. 이미 프랑스어 시절부터 '혜택'이라는 뜻으로도 확장되었고, 영어에서도 같은 뜻으로 들어왔다. '레이시오ratio'의 어원도 '계산, 결산, 회계' 등을 뜻하는 라틴어 '라티오ratio'다. 영어에 들어와서 17세 중반부터 '두 숫자 사이의 관계', 즉 '비율'을 의미하기 시작했다.

그렇다면 어원 자체로 본 '코스트/베니핏 레이시오', 즉 '가성비'의 뜻은 '함께 서 있는 것이 좋은 일이 되는 정도'일 것이다. 언뜻 보면 '아무 말 잔치' 같으나 곱씹어보면 그리 무리가 있는 표현은 아닐 수도 있겠다는 생각도 든다. 현대경제학에서는 대량생산 덕분에 제품의 생산 단가와 가격이 떨어지는 '규모의 경제economy of scale' 현상이 일어나며, 이에 따라 사람들 대부분이 지불할 용의가 있는 가격보다 낮은 가격으로 제품을 구매할 수 있는 '소비자 잉여consumer surplus'를 누리게 된다고도 가르친다. 이러한 현상은 결과적으로 많은 사람이 생산 비용을 나누어 부담했기 때문에 가능한 것이다. 오늘도 온라인 쇼핑몰에서 '가성비 짱'인 '파격가 신상'을 구매한다면 이를 가능케 해준 이웃 소비자들에게 한번쯤은 고마운 마음을 가져볼 일이다.

DUTCH PAY

김영란 법과 '더치 페이'는
네덜란드와 무슨 관계일까?

중학교 3학년 때 내가 배우던 영어 교과서의 한 단원의 제목은 '네덜란드The Netherlands'였고 풍차와 긴 제방 이야기 등이 나온 것으로 기억한다. 영어 선생님이 이 단원을 학생들에게 읽고 번역하도록 했는데, 제대로 읽지 못하거나 잘못 번역하면 혹독한 벌을 주었다. 십여 명 중 나만 제대로 번역했다고 해서 벌을 피했는데, 그 일은 이후 내가 영어 공부를 열심히 하게 된 계기가 되었다. 그런데 그 단원에서 '홀랜드Holland'도 네덜란드를 가리킨다는 사실과 함께 형용사가 '더치dutch'라는 것도 처음 알게 되었다.

2016년 9월 28일부터 이른바 '김영란법'이 시행되었다. 이 법 시행으로 3만 원이 넘는 식사를 대접하거나 받는 것이 금지되는 등 부정 청탁의 수단이 될 수 있는 행위를 엄격히 규제하고 있다. 언론에서는 이 법 시행으로 식당에서 '더치 페이Dutch Pay'가 크게 늘었다고 보도하고 있다. '더치 페이'란 식사나 서비스 등을 같이 누렸던 일행이 그 비용을 공평하게 분담하는 것이다. 그런데 이는 사실 '콩글리시', 즉 한국식 영어다. 원래 이런 경제적 관행을 일컫는 영어는 '더치 트리트dutch treat'다.

그런데 이런 관행에 왜 네덜란드를 뜻하는 '더치dutch'라는 말이 붙었을까? 이를 알기 위해서는 네덜란드의 역사를 조금 들여다볼 필요가 있다. 네덜란드는 원래 게르만족들이 사는 땅이었으나 오랫동안 로마의 지배를 받았다. 이후 로마가 쇠퇴하자 이 땅은 게르만족들의 수중에 다시 들어왔지만 신성로마제국, 프랑크왕국, 에스파냐 등의 지배하에서 독립된 국가를 형성하지 못했다. 하지만 종교개혁 이후 개신교 세력이 강해진 이 지역은 종교의 자유 문제가 동기가 되어 16세기 말에 드디어 독립을 하게 되었다. 이미 상인의 세력이 강했던 이 지역의 독립 과정은 에스파냐와의 독립전쟁 등을 겪으며 험난했으나, 독립 이후에는 해외 진출을 적극적으로 추진하여 17세기에 들어와 그 꽃을 피웠다.

17세기 초 '동인도 회사'를 세워 동남아시아와 유럽과의 무역을 주도했으며, 인도네시아를 사실상 식민지로 만들었다. 그 무렵 '서인도회사'도 세워 신대륙 시장 개척에도 적극 나섰다. 이 시기에 오늘날의 맨해튼에 정착지를 건설하고 이름을 '뉴암스테르담'이라 지은 이야기는 앞에서 언급했다. 17세기 중반부터는 나가사키를 기지로 서양과 일본의 무역도 주도했다. 이즈음에 일본으로 가려던 하멜이 제주도에 표류하여 살다가 1666년에 조선을 탈출하여 본국으로 돌아가 쓴 책이 그 유명한 『하멜 표류기』다. 이렇듯 네덜란드의 함선들이 세계의 바다에서 크게 활약한 17세기는 이 나라의 황금기였으며, 당시 암스테르담은 최대의 항구였다.

그런데 이런 네덜란드의 해외 진출 과정에서 가장 강력한 경쟁자로 등장한 것이 영국이다. 네덜란드는 17세기에만 영국과 큰 전쟁을 세 번이나 치렀다. 이 세 차례의 전쟁에서 영국이 네덜란드를 제대로 이긴 적은 한 번도 없었다. 물론 맨해튼도 이 당시에 영국이 빼앗은 것이기는 하다. 당연히 영국 국민들 사이에서도 이 강력한 경쟁자에 대한 감정이 좋을 리 없었다. 그래서 '더치'가 들어가는 말에는 무조건 부정적인 함의가 붙은 것이다. 실제로 20세기 초까지도 네덜란드 사람 앞에서 '더치'라는 말을 쓰면 '심각한 모욕'으로 받아 들였다고 한다.

사실 이 '더치'라는 말은 나쁜 뜻이 아니다. 이 단어는 오늘날 독일인의 별칭인 '도이치deutsch'와 어원이 같다. 'duistisc'는 '사람의', '민족의'를 뜻하는 형용사다. 원래 이 단어는 17세기 전까지는 독일인을 통칭하는 말로 쓰였다. 독일이나 네덜란드나 모두 신성로마제국 또는 프랑크왕국의 일부였기 때문이다. 그런데 17세기에 들어서 이 지역 중 '낮은nether' '땅land', 즉 네덜란드에 사는 사람들을 지칭하는 말로만 통용되기 시작

했다. 그전까지는 현재의 독일 땅에 사는 사람들의 별칭은 '하이 더치 High Dutch', 네덜란드에 사는 사람들의 별칭은 '로 더치 Low Dutch'였다.

네덜란드인들은 뛰어난 상재商才을 가진 것으로 유명했다. 앞서 언급한 대로 맨해튼에 맨 먼저 정착한 사람들도 이들이고, 정착생활 초기부터 이 지역에서 주식, 채권 등을 거래하여 훗날 이곳이 세계의 금융 수도가 되는 주춧돌을 놓은 장본인들이기도 하다. 하지만 동시에 셈도 철저하여 식사를 같이 해도 각자가 자기 몫을 계산하는 것은 물론 손님을 대접할 때도 예외가 아니었다고 한다. 극심한 경쟁관계였던 영국인들의 눈에는 '각박하고, 지독한' 관행으로 보였을 법하다. 영국인들은 이런 관행에 아예 '더치 트리트 네덜란드식 손님 대접'이라는 이름까지 붙였다.

김영란법 시행 이후 확산 추세에 있다는 '더치 트리트', 즉 '더치 페이'가 앞으로도 우리나라에서 뿌리를 내릴 수 있을지는 좀 더 두고 볼 일이다. 체면을 중시하는 한국인들의 오랜 손님 접대 문화가 하나의 법 시행으로 바뀔 것이라고 예상하기 어렵기 때문이다. 정부 방침에 따라 한때 없어질 것으로 보였던 '구정'이 끈질긴 생명력으로 부활한 것이 그 방증이다. 하지만 이렇다고 해서 부정과 비리의 관행까지 같이 부활하지 않기를 바랄 뿐이다.

2부

화폐
이야기

MONEY

돈은 감시하고 지켜야 하는 것?

1970년대에 세계 대중음악계를 주름잡던 스웨덴의 아바ABBA라는 그룹이 있었다. 「댄싱 퀸Dancing Queen」을 비롯하여 수많은 히트곡이 있는데, 그중에는 「머니, 머니, 머니Money, Money, Money」라는 노래도 있다. 1976년 11월 발표된 이 노래는 미국에서는 별로 인기를 끌지 못했으나 유럽에서는 인기 차트에서 가장 상위권에 오르는 등 큰 인기를 누렸다. 돈 못벌어 한탄하는 여성의 넋두리 같기도 한 이 노래의 노랫말이 재미있다.

나는 낮에도 밤에도 일하네, 슬프지 아니한가? 각종 청구서를 지불하기 위해서, 그러고 나면 내게는 한 푼도 남지 않는 것 같네, 정말 안 되었네. (중략) 돈만 조금 있나면 내가 할 수 있는 그 많은 것을 할 수 있을 텐데.

I work all night, I work all day, to pay the bills I have to pay. Ain't it sad? And still there never seems to be a single penny left for me. That's too bad. … All the things I could do. If I had a little money.

우리나라에서도 2002년에 왁스라는 가수가, 독일 3인조 여성그룹 아라베스크Arabesque가 1976년에 발표한 「헬로 미스터 몽키Hello Mr. Monkey」라는 디스코 곡을 번안하여 「머니」라는 노래를 발표했다. 이 노래의 노랫말 역시 돈의 위력과 돈이 없어서 당할 수 있는 설움을 한탄조로 읊고 있다.

뭐니 뭐니 해도 돈이 많으면 좋겠지만 / 뭐니 뭐니 해도 맘이 예뻐야 남자지 / 머니로 뭐든 다할 수 있고 행복한 삶을 살 수도 있어 / 머니로 예뻐질 수도 있고 사랑도 쉽게 얻을 수 있어 / (중략) / 돈 없어 굶어봤어 돈 없어 당해봤어 / 돈 없어 맞아봤어 돈 없어 울어봤어 돈돈 니가 뭔데

'머니', 즉 돈에 관한 노래는 이 두 곡 말고도 세계적으로 꽤 많다. 그만큼 동서고금을 막론하고 돈은 있으면 좋고, 없으면 아쉽고 서러운 존재다. '머니, 머니 해도 머니가 최고다'라는 말이 한때 유행했을 정도다.
우리 말 '돈'의 어원은 옛 중국의 도화刀貨 유래설, 고대에 사용되던

'돌 돈' 유래설, '돌고 돈다'는 말에서 유래되었다는 등 여러 설이 있다. 나는 마지막 설이 가장 그럴듯해 보인다. 한국의 '원', 일본의 '엔', 중국의 '위안' 등 동양 3국의 화폐 단위가 돌고 돈다는 함의의 '둥글 원圓' 자에서 비롯되었기 때문이다. 하지만 영어 '머니'의 어원에 대해서는 널리 받아들여지는 정설이 있다. 서양의 상당수 금융 용어처럼 이 역시 그리스 로마 신화와 연관이 있다.

그리스 신화에서 헤라Hera 여신은 올림푸스Olympus의 으뜸신인 제우스Zeus의 부인이다. 헤라는 매우 아름답고 정숙했으나 남편의 넘치는 바람기 때문에 무던히도 속을 썩었다. 그래서인지 결혼 및 가정의 수호신이 되어 불륜을 미워하고 제우스의 바람 상대를 철저히 응징하곤 했다. 또 여기저기 '씨'를 뿌리고 다니는 남편을 감시하느라 늘 신경을 곤두세우고 있었다.

헤라의 성격을 잘 보여주는 일화가 있다. 어느 날 헤라가 올림푸스에서 땅 위를 내려다보고 있었다. 화창한 날이었는데도 유독 강 위에만 구름이 잔뜩 낀 것을 이상하게 여긴 헤라는 남편 제우스가 구름으로 가리고 그 밑에서 또 '못된 짓'을 벌이고 있을 것이라고 의심했다. 즉시 강 옆으로 내려간 헤라는 제우스가 흰 암소 한 마리와 있는 것을 보았다. 이 암소는 사실 강의 신 이나코스Inachus의 딸 이오Io였다. 아내의 의심을 눈치챈 제우스가 이오를 순식간에 흰 암소로 둔갑시킨 것이었다. 헤라의 응징으로부터 이오를 보호하기 위해서였다. 그러나 헤라는

속지 않았다. 뛰어난 미모를 가진 이오가 암소로 변해서 그런지 그 암소가 너무 예뻤던 것이다. 헤라는 이 암소를 제우스로부터 빼앗다시피 해서 가져와 묶어두고 수천 개의 눈이 달린 아르고스Argos라는 거인에게 이 소를 감시하고 지키도록 했다.

그러나 애인의 묶인 신세를 안타까워한 아버지 제우스의 부탁을 받은 헤르메스Hermes는 목동으로 변장하고 이 거인에게 접근했다. 피리를 불고 노래를 불러 거인을 잠들게 한 뒤 목을 잘라 죽이고 아버지의 애인을 구했다. 이는 상업과 무역의 신으로 잘 알려진 헤르메스가 '사기꾼의 수호신'이기도 한 이유를 잘 보여주는 대목이기도 하다. 한편 헤라는 자기 명령을 충실히 수행하다가 죽은 아르고스를 매우 애석하게 여겼다. 그래서 죽은 아르고스의 눈을 공작의 화려한 꼬리에 옮겨놓아 공작이 꼬리를 펴면 수많은 눈 모양의 무늬가 나타나도록 했다고 한다. 그리하여 공작은 헤라의 대표적인 상징이 되었다. 즉, 헤라 여신의 특징은 끊임없이 '지키고 감시하는' 것이다.

그런데 헤라는 그리스 신화를 그대로 전승해간 로마에서 주노Juno로 이름이 바뀐다. 물론 헤라의 남편도 주피터Jupiter로 개명되었다. 로마에서 헤라 여신은 별명도 하나 얻었는데, 바로 '주노 모네타Moneta'다. 이 모네타라는 말은 본래 '모니투스monitus'로 '경고하다, 훈계하다'라는 뜻과 함께 '지키다, 감시하다'라는 뜻도 있다. 이는 영어 모니터monitor라는 단어의 어원이기도 하다. 즉, 헤라의 별명은 로마에서 그 성격에 걸맞게 붙여진 것이다.

그런데 고대 로마의 성 안에는 일곱 개의 언덕이 있었는데, 그중 하나가 카피톨리누스Capitolinus 언덕이다. 로마인들은 이 언덕 위에 헤라, 즉 주노를 섬기는 신전을 지었다. 그리고 그곳에 동전을 만드는 '주조소mint'를 두었다. 아마도 이 돈들을 '지키고' 외부의 도적들을 '감시하는' 여신의 가호가 필요해서였을 것이다. 이 여신의 별명은 그대로 '주조소', 나아가 동전 자체를 의미하게 되었으며, 이것이 프랑스어의 monoie(현대 프랑스어로는 monnaie)로 수용된 후에 현대 영어의 '머니'로 정착한 것이다.

지금 전 세계적으로 이 머니의 값이 형편없는 지경이다. 이 돈의 값은 이자라고 할 수 있는데, 지난 10여 년간 초저금리에 이어 일본, 유로존 등은 마이너스 금리정책을 시행하고 있다. 우리나라에서도 한때나마 그 가능성이 언급되었다. 최근 미국이 금리를 슬슬 올리기 시작하면서 우리나라도 금리 인상으로 통화정책의 기조를 바꾸려는 움직임이 나타나고 있다. 그러나 미국이나 한국이나 금리를 올린다고 해도 예전에 비해서는 턱없이 낮은 수준일 것이며, 더구나 유럽과 일본은 아직도 요지부동이다. 헤라 여신은 이렇게 '값 없는' 돈을 과연 지키려고 했을까 의문이 든다.

CASH

현금은 돈궤에서 나오는 것?

에피소드 1: 조선 왕조의 중흥기였던 영정조 시대는, 특이하게 왕위가 부자 간이 아니라 조손 간에 승계되었다. 영조의 아들인 사도세자가 아버지의 명으로 여드레 동안 뒤주에 갇혀 굶어 죽었기 때문이다. 27세의 젊은 나이에 비극적인 죽음을 맞은 그가 왜 그리 되었는지에 대해서는 역사가의 의견이 대체로 모아지는 듯하다. 40세가 넘어서야 아들을 얻은 영조의 기대가 너무 커서 사도세자는 칭찬보다는 힐난을 많이 받으며 소년 시절을 보냈고, 이 중압감을 이겨내지 못한 나머지 정신질환으로 의심될 만한 행동이 잦아지자 부왕이 극단적인 선택을 했다는 것이다. 물론 여기에는 당파 싸움에 사활을 건 대신들의 부추김도 있었다고 전해진다. 워낙 이 역사적 사실이 비극적이다 보니 지금까지도 드라마, 영화, 소설의 단골 소재가 되고 있다. 2014년 개봉되어 600만 이상의 관객 수를 기록한 영화 「사도」도 그중 하나다. 우리의 가장 중요한 식량인 쌀을 담는 뒤주 안에서 굶어 죽은 사도세자의 운명이 참으로 기구하다는 생각이 든다. 쌀을 담으려고 만든 그 가구 안에 그 어느 때보다 필요할 때에 쌀이 그 안에 없었기 때문이다.

에피소드 2: 내가 유년기와 청소년기를 보냈던 1960~1970년대에 청소년을 포함한 젊은 세대는 트로트trot가 주류였던 가요보다는 팝송에 열광했다. 당시 AM 라디오에서는 가요만큼이나 팝송을 많이 방송했고, FM 라디오에서 내보내는 음악들은 팝송이 주이고 국내 통기타 가수들의 곡들이 이를 보조했다. 팝송 프로그램의 DJ들은 곡명과 함께 가수를 소개했는데 그중에서 자니 캐시Johnny Cash라는 특이한 이름이 자주 소개되었다. 그의 이름은 당시 중·고등학생이던 나에게 생생한 기억으로 남았다. 그때 나는 '현금'을 성으로 쓰는 사람은 그 노래로 얼마나 돈을 잘 벌까 하고 생각했다. 실제로 그 이름대로 자니 캐시는 70세 넘게 살면서 컨트리country, 록rock, 가스펠gospel 등 여러 장르를 넘나들며 9천만 장의 음반을 팔아 큰돈을 벌었고, 세상을 떠나기 얼마 전까지도 공연을 하고 곡도 써서 돈을 버는 노익장을 과시했다.

영어로 현금을 뜻하는 단어는 '캐시Cash'다. 현대 재무이론에서 모든 자산의 가치를 평가하는 기준은 그 자산이 창출하는 '현금 흐름', 즉 '캐시 플로Cash Flow'의 규모다. 이는 '회계적인 이익'과는 다른 것으로서 그 자산이 실제로 벌어다주는, 손에 쥘 수 있는 현금인 것이다. 내가 존경하는 재무 교수 한 사람은 지금은 정년퇴직을 했지만 은퇴 몇 년 전, CFOChief Financial Officer(회사의 재무 총책임자)를 양성하는 학원을 세웠고, 지금은 반석 위에 올려놓았다. 그는 예나 지금이나 기회만 되면 캐시, 캐시, 캐시를 외친다. 기업은 현금을 벌어들이는 능력이 그 무엇보다도 중요하다는 것이다.

그런데 재무이론에서 이렇게 중시하는 '캐시'의 어원은 무엇일까? 이 단어의 어원에 대해서는 두 가지 설이 팽팽히 맞서고 있다. 첫째, 라틴어 기원설이다. 라틴어 '캅사Capsa'는 '궤, 상자' 등을 의미하는 단어였다. 이 단어에서 '상자'를 뜻하는 영어의 케이스Case도 파생되었다. 이 단어는 이탈리아어의 '카싸Cassa'로 전수되었고, 프랑스어 '케스Caisse'를 거쳐 16세기경에는 영어에 '캐시Cash' 형태로 도입되었다. 이들 단어의 뜻은 모두 '돈궤', 즉 현금을 넣어두는 상자였다. 그러던 것이 영어에서는 18세기경부터 상자라는 뜻은 사라지고 현금만을 의미하게 되었다는 주장이다.

둘째, 페르시아어 기원설이다. 15세기 말 바스코 다가마Vasco da Gama가 인도에 상륙한 이후 16세기부터 본격적으로 네덜란드 같은 해양 강국들이 인도에 대한 헤게모니를 쥐기 위해서 다투었다. 영국도 이른바 '동인도회사'를 설립하고 이 경쟁에 뛰어들었다. 이 과정에서 인도의 문물 및 언어와 접촉하게 되었는데 '카르사Karsa(산스크리트어)' 또는 '카수Kasu(타밀어)' 등 현금을 뜻하는 단어도 이 중 하나였다.

17세기에 동인도회사가 무역활동을 활발하게 벌이면서 이 단어는 자연스럽게 영국으로 유입되어 '캐시Cash'의 형태로 정착했다. 그런데 이 인도어들의 어원은 '동전 한 개의 가치'를 뜻하는 페르시아어의 '카르샤Karsha'로서, 키루스 2세와 다리우스 1세 치세에 통화제도가 확립되면서 나타난 단어다. 고대 인도로 이주해 들어온 아리안족이 페르시아에서 왔다는 점을 고려한다면 이는 자연스러운 현상이다. 이 단어는 라틴어로도 전파되어 앞서 언급한 '캅사'가 되었다고 한다. 이것이 사실이라면 첫 번째 설은 이 단어의 전파 경로가 페르시아 → 로마 → 프랑스, 이탈리아 → 영국이며, 두 번째 설은 페르시아 → 인도 → 영국이라는 것이다.

두 설 중 어느 것이 더 신빙성이 있는지는 결론내기 힘들어 보인다. 영어로 도입된 시기가 엇비슷하기 때문에도 그런 것 같다. 정상에 이르는 등산로가 여럿이듯 이 단어도 어원이 서로 다른 등산로를 거쳐 정상에서 다시 만난 것이 아닐까?

요즘 몇몇 잘나가는 대기업들을 제외하고는 기업들 대부분이 현금 유동성 확보에 안간힘을 쓰고 있다. 불황이 상시화되면서 갈수록 수익성이 떨어진 결과다. 이에 따라 구조조정 노력과 함께 신규 채용을 최소화하는 경향을 보이고 있다. 역시 '쌀 뒤주에서 인심 난다'라는 옛 속담이 맞는 말 같다. 쌀 뒤주의 현대어는 '돈궤'가 아니겠는가?

코인이 디지털 시대에 쐐기를 박으려면

일반적으로 '동전'으로 불리는 주화는 금속 재질에 원형이다. 동전의 역사는 꽤나 오래됐는데, 과거 중국이나 우리나라에서는 줄로 꿸 수 있도록 원형 중앙에 구멍을 내었고, 서방에서는 음각이나 양각으로 인물 등의 형상을 새겨놓았다.

 인류가 돈을 사용하기 시작한 것은 문명이 싹튼 시점과 거의 일치한다. 초기에는 돌, 조개껍데기, 소금 등이 돈의 기능을 했으나 무게와 함량이 일정치 않고 휴대도 불편하며 잘 썩거나 닳아 반복 사용이 불가능했다. 이런 불편함을 해소해줄 금속으로 만들어진 돈이 드디어 기원전 7세기경, 오늘날 터키 지방에 위치한 '리디아Lydia'라는 나라에서 출현했다. 리디아에는 금과 은이 많이 나와서 리디아인들은 금과 은이 섞인 '호박금'으로 '주화'를 만들었다. 이 주화에는 사자머리가 새겨져 있어 '리디아의 사자'라 불렸다. 표준화된 무게와 함량을 지킨 이 주화는 매우 믿음직한 교환 수단으로서 지중해 일대 전 지역으로 확산되었다. 덕분에 리디아는 큰 부를 축적했고 서아시아의 강국으로 떠올랐다. 이후 서방에서는 음각이나 양각으로 인물이나 동물 등의 형상이 들어가 있는 주화가 만들어졌고, 이런 방식의 주화 제조법은 오늘날까지도 전 세세의 표준이다.

중국에서는 춘추전국시대부터 칼 모양을 한 '도폐刀幣'나 농기구 모양의 '포전布錢'이 통용되었으나 진시황 이후부터 둥근 모양의 주화가 쓰이기 시작했다. 진시황은 중국 통일 후 기존의 화폐를 모두 없애고 가운데 네모난 구멍을 낸 형태의 '진반량秦半兩'이라는 동전을 도입했다. 진반량은 구리합금으로 만든 것이었다. 후세에 지폐가 나오고 무게나 주조 비용 때문에 그 위상이 많이 줄어들긴 했으나 지구상에서 자국 통화를 발행하는 거의 모든 나라는 아직도 동전을 주조하여 유통시키고 있다.

동전에 해당하는 영어 단어는 '코인coin'이다. 그런데 이 단어의 어원은 '쐐기'나 '모서리' 등을 뜻하는 라틴어 '쿠네우스cuneus'다. 로마제국 시절 주화는 금속 덩어리나 금속판 위에 쐐기 모양의 정을 올려놓고 망치로 쳐서 문양을 새겨 만들었다. 당연히 이 정의 밑바닥에는 주화 표면의 문양이 반대로 새겨져 있었다. 이 단어는 먼저 프랑스어로 도입되어 '구안느coigne'가 되었다. 이 뜻도 역시 쐐기나 모서리였다. 현대 프랑스어 '쿠앙coin'은 아직도 이 의미로 쓰인다. 이는 다시 14세기 초 같은 뜻으로 영어에 도입되었다가 14세기 말에는 '찍어 눌러 만들어진 것'에서 '쪼가리 돈'으로 의미가 발전되며 동전이라는 오늘날의 의미와 유사한 뜻으로 쓰이기 시작했다.

동전, 좀 더 정확히 주화는 널리 쓰이면서 인류 경제사에 커다란 족적을 남겼다. 가장 작은 예로서 한때 세계를 주름잡았던 영국의 '파운드 스털링Pound sterling'화貨의 이름은 그 주화에 새겨진 별 모양의 문양에서 나왔다. '악화惡貨가 양화良貨를 구축한다'라는 '그레셤의 법칙Gresham's law'도 이 주화에서 비롯된 것이다. 통화제도가 도입된 초기부터 주화는 금이나 은으로 만들어졌기 때문에 주화의 무게 자체가 그 가치를 나타냈다. 이런 '제대로 된' 주화를 수집해 녹인 뒤, 다른 싸구려 금속과 혼합하여 위조주화를 만들어 유통시키면 큰 이문을 남길 수 있었다. 그래서 시장에서 좋은 주화는 모두 사라지고 함량이 낮아 그 가치가 의심되는 돈만 남는다는 말이다. 하지만 신대륙 발견 이후 대규모 은광이 속속 개발되면서 은의 가치가 떨어져 인플레이션을 유발하자 각국이 금본위제로 전환했다. 하지만 금의 공급이 달리자 아예 금이나 은과의 관계를 끊고, 구리 등 비교적 싼 금속으로 만들되 법으로 그 가치를 정하는 시대가 도래했다.

그런데 이 유구한 역사를 가진 동전이 요즘에는 찬밥 신세를 면하지 못하고 있다. 신용카드 사용과 전자 결제가 일반화되면서 동전에 대한 수요가 크게 떨어졌다. 또 동전을 만드는 비용이 동전의 액면 가치보다 웃도는 일도 생긴다. 그래서인지 이를 녹여 금속을 뽑아 파는 범죄도 심심치 않게 벌어진다. 우리나라에서 10원짜리 동전이 예전의 1원짜리 동전과 엇비슷해질 정도로 작아진 것도 이러한 사정과 무관치 않다.

하지만 동전을 나타내는 '코인'이라는 말이 디지털 시대가 발전하면서 다시 떠오르고 있다. 바로 '비트코인Bit Coin'이다. 비트코인은 2008년 나가모도 사토시中本哲史라는 정체가 모호한 일본인 컴퓨터 프로그래머가 창안한 온라인 가상화폐, 즉 디지털 통화다. 그 내용은 정부나 중앙은행이 아니라 개인들에게 발권력을 부여해서 새로운 화폐를 만드는 것이다. 이때 나타나는 개인 간의 신뢰 문제, 나아가 통화 시스템의 안정성이라는 문제는 '블록체인'이라는 공개된 거래 장부를 도입하여 해결했다. 다시 말해 개인 간에 거래가 이루어질 때마다 공개 장부에 새로운 기록이 추가되어 이 시스템에 참여한 모든 사람이 이를 확인할 수 있게 했다. 또 비트코인의 총발행량을 2,100만 개로 정해 화폐 남발에 따른 가치 하락 문제에도 대응코자 했다. 비트코인은 이미 온라인상에서 주요 결제 수단이 되었다. 이 새로운 가상통화는 오프라인상에도 그 자체가 가치를 지니므로 인터넷 환전 사이트에서 이를 구매하거나 현금화할 수 있다. 2017년 들어 국내는 물론 전 세계적으로 비트코인의 가격이 급등하기 시작하더니, 2018년 초 비트코인이 1만 달러를 상회했다가 곧 폭락했다. 국내에서도 한때 2,400만 원이 넘었다가 1/3 토막이 나기도 했다. 하지만 이후 어느 정도 안정을 되찾아 2018년 4월말 현재 1비트코인당 1만 달러 안팎, 국내에서는 1,000만 원 선에서 거래되고 있다. 하지만 이 가격 수준을 '거품'이냐 아니냐의 논란이 이어지고 있다. '거품'이 아니라고 주장하는 측에서는 법정통화와 달리 이 통화에는 총량이 정해져 있어 교환가치가 시간이 지날수록 오히려 올라갈 것이라는 점을 지적한다. '거품'을 주장하는 측에서는 어느 국가의 정부도 이를 정식 통화로 인정한 적이 없는 데다, 어느 순간 탈세와 범죄조직의 돈 세탁 수단이라는 이유로 불법화시킬 가능성이 높다는 점을 지적한다.

'비트코인'에서 '비트'라는 영어 단어의 여러 뜻 중에는 '쪼가리'가 있다. 앞서 말했듯 코인이라는 단어에도 '쪼가리 돈'이라는 뜻이 포함되어 있다. 성경의 시편에 나오는 "집 짓는 이가 버린 돌이 모퉁이 돌이 되었다"라는 말처럼 쪼가리 돈으로 시작한 동전이 한때 인류의 경제를 좌지우지했듯이 이 비트코인도 그럴까? 아니면 일반 동전처럼 '쪼가리 돈'으로 전락할까?

DOLLAR & $

달러 사인 $에 알파벳 'D' 대신에
'S'가 쓰이는 까닭은?

전 세계적으로 결제통화로 가장 많이 쓰이는 것은 아직도 단연 미국 달러다. 유로화貨가 등장한 뒤 그 위상이 이전에 비해 많이 약해졌지만, 대부분의 전문가들은 달러가 세계 통화의 왕좌를 앞으로도 장기간 유지할 것이라고 전망한다. 이 세계 제일 통화의 이름인 '달러'의 말뿌리는 본디 영어가 아니라 독일어다. 이를 알기 위해서는 성서에 대한 지식이 조금 필요하다.

성모 마리아의 아버지는 성聖 요하킴Joachim이라고 알려져 있다. 16세기에 이 성인의 이름을 딴 마을에서 부동의 세계 1위 위상을 지닐 통화가 태어났다. 그 마을의 이름은 오늘날 체코공화국에 위치한 보헤미아 Bohemia(당시는 신성 로마제국의 일부) '요하킴스탈 Joachimsthal'이나. 군이 번역하자면 '요아킴의 계곡'이라는 뜻이다. 그 이름이 암시하듯이 이 동네에서는 은을 제련하는 데 필수적인 물이 사시사철 많았던 모양이다. 이 동네에서 주조된 은화의 이름은 마을의 이름을 따 '요하킴스탈러 Joachimstaler', 즉 요하킴스탈에서 제조된 것이다. 그러나 이름이 너무 길었던지 사람들은 그냥 '탈러 thaler'라고 불렀다. 이 동전, (정확히는 은전銀錢) 은 큰 인기를 끌어 유럽 대륙 전체에서 널리 유통되었다. 동전의 이름은 유럽 각국에서 탈러, '달러 dollar' 등 자국 발음에 맞게 변형되어 동전의 통칭으로 차용되었으며, 이 이름은 신대륙으로도 흘러들어갔다.

당시 신대륙의 북쪽인 미국에서는 독립 전에도 영국의 동전이 모자라 당시 남미를 장악하고 있던 에스파냐의 동전이 유통되었다. 에스파냐의 식민지인 멕시코와 볼리비아에서는 은광이 대거 발견되면서 이곳에서도 동전이 주조되었는데, 에스파냐는 이 은광들을 바탕으로 한때 전 세계 주화의 85퍼센트 이상을 만들었다. 특히 16세기 후반 볼리비아의 '포토시 Potosi'라는 지역에서 주조된 은화는 북미에서 가장 널리 유통되는 동전이었고, 그 동전의 통칭 역시 '달러'였다. '달러'라는 이름은 아직도 오스트레일리아, 캐나다를 비롯해서 남미 여러 나라뿐만 아니라 홍콩과 싱가포르 등 수많은 나라에서 통화의 명칭으로 쓰인다.

오늘날 각국에서 통화를 표시하는 사인은 보통은 첫 알파벳에 수직이나 수평으로 한 줄이나 두 줄을 그은 것이다. 예를 들어 유로화는

'€', 엔화는 '¥', 남미국가의 페소는 'P' 등으로 쓰인다. 그 예외가 달러 (\$)와 영국의 파운드(£) 정도가 될 것이다. 달러가 이런 사인을 쓰게 된 것은 여러 설이 있으나 어느 것도 정설이라고 공인받지는 못하고 있다. 그중 대표적인 것들을 소개하면 이렇다.

첫째, 19세기 이전 북미에서 유통된 남미산 에스파냐 동전의 원래 이름은 '페소Peso'였는데, 이의 알파벳 자음인 P와 S를 겹쳐 쓰면서 오늘날의 '\$' 형태가 되었다는 설이다. 둘째, 18세기 말부터 미국USA 정부에서 주조하기 시작한 동전을 옮기는 행낭에 이 'U'와 'S'라는 정부 재산 표시를 겹쳐 쓰면서 두 줄짜리 달러 사인 '\$'가 되었다는 설이다. 셋째, 앞서 언급한 포토시에서 만들어진 동전에서 이 사인이 유래되었다는 설인데, 이는 다시 여러 설로 나뉜다. 먼저 이 동전 귀퉁이에는 주조 장소인 포토시의 알파벳 'PTSI'가 겹쳐 쓰여 있는데, 이는 꼭 현재의 \$처럼 생겨 여기서 이 사인이 유래되었다는 것이다. 또 이 동전의 중앙에는 에스파냐 왕가의 문장紋章이 새겨져 있었는데, 이는 이른바 '헤라클레스의 기둥'이라 불리는 두 기둥에 두루마리처럼 긴 문서가 S자 모양으로 휘감아 올라가는 모습이다. 이 역시 그 모습이 \$와 같아 달러 사인이 여기서 유래되었다는 설도 있다. 그리스 신화에 나오는 '헤라클레스의 기둥'은 유럽과 아시아의 경계인 지브롤터Gibraltar 해협 양안의 두 봉우리를 나타내며, 에스파냐 왕가는 이를 세계 정복의 상징으로 사용했다. 마지막으로 이 볼리비아 동전은 1/8페소의 가치를 지닌 동전인데

'/8'이 겹쳐 써지면서 이렇게 되었다는 설이 있다. 나는 이 중 첫 번째와 세 번째가 가장 신빙성 있어 보인다.

그런데 요즘 달러의 위상에는 아직 못 미치지만 유로화에 이어 심각한 도전 세력이 될 수 있는 위안화가 고개를 쳐들기 시작했다. 2016년 10월 1일부터 위안화는 국제통화기금IMF의 특별인출권SDR 통화바스켓에 정식 편입된 데다가 중국 정부가 위안화의 국제화를 강력히 추진하고 있어 앞으로 몇 년간 그 세력이 무서운 속도로 커질 전망이다. 과연 위안화가 궁극적으로 유로화를 넘어서 달러화를 심각하게 위협할지는 두고 볼 일이나, 위안화 거래소 개설 등 중국의 위안화 국제화 시도를 얼마만큼 잘 활용할 수 있을지는 순전히 우리 하기에 달려 있을 것이다.

POUND & £

영국 돈 파운드화의 사인은
왜 ₽가 아니라 £일까?

예전에 내가 모시던 상사는 지적인 유머를 좋아했는데, 그가 즐겨 했던 유머 두 가지를 소개해보겠다. 첫째, 골프 GOLF 는 원래 'Gentlemen Only Ladies Forbidden(신사만 허용, 숙녀는 금지)'의 약자다. 맞는 말일까, 틀린 말일까? 둘째, 영어에서 무게 단위인 '파운드 pound'의 약자가 'p'가 아니라 'lb'가 된 이유는 영국 식민지 시절 미국의 보스톤 Boston 항에서 거래되던 바닷가재, 즉 '랍스터 lobster' 한 마리의 무게가 보통 1파운드여서 '랍스터'의 철자 중 첫 자음 'l'과 중간 자음 'b'를 따서 약자로 썼기 때문이다. 맞는 말일까, 틀린 말일까?

이 유머를 들었던 대부분의 사람들은 첫째, 둘째 물음에 모두 '맞는 것 같다'고 대답했다. 하지만 둘 다 틀린 말이다. '골프'의 어원은 원래 엣 네덜란드어의 '콜브colve'로서, '작대기, 몽둥이'라는 뜻이다. 이것이 이 스포츠의 종주국인 스코틀랜드로 가서 약간의 음운의 변화를 거친 후 '골프golf'가 되었다는 것이 정설이다. 그런데 둘째 물음에 대한 정답은 조금 더 복잡한 설명이 필요하다.

　1970년대 초 아이들은 출처가 불분명한 미국산 과자를 주위에서 자주 접할 수 있었다. 당시 중학교에 다니던 나는 과자 봉지에 숫자에 이어 'LB' 또는 'lb'라고 쓰여 있는 것을 보고 이것이 무슨 뜻일까 궁금했었다. 대학에 가서야 그것이 영국과 미국에서 쓰는 무게 단위인 '파운드pound'의 약자임을 알게 되었다. 그런데 이 무게의 단위가 통화의 이름으로 쓰는 나라가 있다. 영국이다. 이 나라는 유로화를 거부하고 파운드화를 고집하고 있다. 파운드화의 공식 명칭은 '파운드 스털링'으로서 전 세계에서 가장 긴 역사를 자랑한다. 8세기 말 당시 잉글랜드를 다스리던 오파Offa 왕은 은 1파운드를 240개의 '페니penny'라는 동전으로 나누어 발행했다. 즉 페니 240개의 무게를 합치면 1파운드가 되게 만들었던 것으로서 사실상 은본위제 통화제도였던 것이다.

　앞 장에서 달러의 사인이 대부분의 통화 기호가 그 이름의 첫 알파벳을 따서 짓는 관행에서 벗어나 $인 이유를 다루었다. 이와 비슷하게 파운드화의 사인은 £ 또는 ₤이다. 이 통화 기호는 라틴어 '리브라libra'에서 왔다. 무게를 나타내는 단위인 파운드의 표기 LB도 마찬가지다. 리브라는 원래 '천칭(저울의 일종)'을 가리키는 말이지만 로마에서는 무게를 재는 단위로도 쓰였다. 그런데도 파운드화의 사인이 어떻게 L 자가 되었을까? 중세에는 영국에서 모든 장부를 라틴어로 표기했는데, 라틴어로 금액을 '페니' 동전의 무게로 표시하다 보니 그렇게 되었다는 주장이 있다. 그러나 파운드라는 말도 무게를 뜻하는 라틴어 '폰두스 pondus'에서 왔으니 이 주장은 근거가 좀 약하다.

가장 설득력이 있어 보이는 주장은 다음과 같다. 오파 왕이 잉글랜 드를 다스리던 시절에 유럽 대륙에서는 옛 서로마제국의 영토인 프랑 크Frank 왕국을 샤를마뉴Charlemagne 대제가 다스리고 있었다. 그는 서 기 800년 교황 레오Leo 3세에 의해서 '서로마제국의 황제'로 옹립되었 다. 프랑크 왕국이 서로마제국의 적자임을 인정받은 것이다. 그래서인지 그는 기존의 화폐제도를 버리고 은 1파운드를 기준으로 한 새 화폐제 도인 '리브레 카롤링엔livre carolinienne'을 도입할 때, 이 은의 무게 단위를 로마의 무게 단위인 '리브라'를 차용했다. 그런데 항상 대륙의 움직임에 민감했던 오파 왕도 이를 거의 그대로 받아들였다. 그래서 호칭은 파운 드로 했으나 표기는 바다 건너에 있는 나라처럼 '리브라'라고 한 것이다.

이후 1066년 프랑스의 노르망디Normandie 지역에 살던 바이킹족의 후 예 '노르만'인들이 잉글랜드를 정복한 후, 이들을 이끌고 온 '정복왕 윌 리엄William the Conqueror' 치하에서 새로운 통화 단위인 '실링Shilling'이 등 장했다. 이는 파운드와 페니 사이의 단위로서 1파운드는 20실링, 1실링

영국의 **오파 왕**

음..
화폐 파운드는
어떻게 표기할까

옆 나라
샤를마뉴 대제의
'리브라' ㄴ을
써야겠다!

만족해♥

은 12페니가 되었다. 다시 말해 1파운드가 240페니인 것은 종전과 같으나 이 사이에 실링이 끼어든 꼴이다. 참고로 말하자면 '실링'의 어원은 영국에 살던 게르만족의 일파인 '튜톤Teuton'족의 말인 '스킬링scylling'으로서, '쪼개기, 나누기'라는 뜻이다.

하지만 실제로 1실링 동전이 처음 주조된 것은 이로부터 한참 뒤인 1549년 에드워드 6세 치세 때다. 이때부터 시작된 영국의 독특한 '12진법' 통화 시스템인 '파운드-실링-페니' 체제는 1971년에 10진법 통화제도를 도입할 때까지 유지되었다. 그런데 대륙의 영향은 여기에서도 지속되었다. 1971년 이전에는 '파운드-실링-페니'의 약자는 £sd였다. 파운드의 약어가 '리브라'의 첫 철자를 따서 'L'인 것은 이미 앞에서 언급했다. 실링의 약어가 's'인 것도 당연해 보이는데 페니의 약어는 왜 'p'가 아니라 'd'가 되었을까? 사실은 실링의 약어인 's'도 파운드의 경우처럼 라틴어인 '솔리두스solidus'에서 왔고, 페니의 약어인 'd'는 라틴어 '데나리우스denarius'에서 왔다. 둘 다 로마시대의 통화 단위로서 '솔리두스'는 3~4세기경 콘스탄틴Constantine 대제 시절에 도입되었고 '데나리우스'는 다른 장에서 설명할 것이다.

그런데 파운드화의 공식 명칭인 '파운드 스털링'에서 스털링이라는 말은 어디서 왔을까? 240개의 은화, 즉 페니는 12세기 들어 '스털링'이라 불리기 시작했다. 앞서 말했듯 11세기 후반 잉글랜드를 정복한 노르만족은 자기들만의 은화를 발행했는데, 그 은화의 표면에는 작은 별 두

개가 새겨져 있었다. 원주민들은 이 농전을 작은 별, 즉 스털링(별ster：star + 작은ling)이라 불렀고, 곧이어 기존 동전의 이름들도 이 이름으로 불리게 되었다고 한다. 그리고 이 단어는 훗날 영국 통화의 공식 명칭에까지 채용된 것이다.

파운드화는 20세기 중반까지는 달러에 앞서 세계의 기축통화였다. 그러나 영국이 제2차 세계대전 종전 이후 대부분의 해외 식민지를 잃고 그 경제적·정치적 위상이 크게 떨어지면서 파운드화도 힘을 잃기 시작했다. 1971년 독특한 12진법 체제가 10진법으로 바뀐 것도 파운드화가 더 이상 세계의 '유아독존唯我獨尊' 통화가 아니므로 다른 나라의 표준에 순응해야만 한다는 것을 상징하는 사건이었다. 1990년대 초에는 조지 소로스George Soros라는 한 투기꾼에게 큰 곤욕을 치르더니 유로화 등장 이후에는 일본의 엔화에도 뒤지는 전 세계 4위의 통화로 그 위상이 크게 떨어졌다. 머지않아 위안화에도 추월당할 것이라는 전망도 나온다. 게다가 2016년에 영국 국민들은 EU를 탈퇴하겠다는 '브렉시트Brexit'를 투표로 결정했다. 이것이 그대로 실행된다면 파운드화의 위상 추락 속도는 더욱 빨라질 것이다. 역시 최고最古가 최고最高는 아닌 것 같다.

PESO & POUND

페소화와 파운드화의
공통점은 '무게'다

구약성경의 한 구절이다. "아브라함은 에브론의 말을 받아들여 그가 다른 헷 사람들이 듣는 데서 말한 은 400세겔을, 당시 상인들 사이에 통용되던 무게로 달아 치렀다. (중략) 그제야 아브라함은 아내 사라를 막벨라에 있는 밭에 딸린 동굴에 안장했다."(창세기 23장 16~19절, 공동번역)

이 구절은 아브라함의 아내 사라가 죽었을 때, 아브라함이 에브론이라는 사람이 소유한 밭을 사서 아내의 시신을 묻는 장면이다. 상당량의 은으로 그 값을 치른다.

신약성경의 한 구절이다. "하늘나라는 이렇게 비유할 수 있다. 어떤 왕이 자기 종과 셈을 밝히려 했다. 셈을 시작하자 1만 달란트나 되는 돈올 빚진 사람이 왕 앞에 끌려왔다. 그에게 빚을 갚을 길이 없었으므로 왕은 '네 몸과 네 처자와 너에게 있는 것을 다 팔아서 빚을 갚아라'라고 했다."(마태복음 18장 23~26, 공동번역)

왕은 통사정을 하는 이 종을 가엾게 여겨 결국 빚을 모두 탕감해주었으나, 그 종은 자기에게 소액을 빚진 동료를 만나자 자비를 베풀기는커녕 감옥에 가두었다. 이 소식을 들은 왕은 이 무자비한 종을 다시 잡아들여 형리에게 넘긴다.

다시 신약성경의 또한 구절이다. "선생님, 우리는 선생님이 진실하신 분으로서 사람을 겉모양으로 판단하지 않기 때문에 아무도 꺼리지 않고 하느님의 진리를 참되게 가르치시는 줄을 압니다. 그래서 선생님의 의견을 듣고자 합니다. 카이사르에게 세금을 바치는 것이 옳습니까? 옳지 않습니까? 예수께서 그들의 간악한 속셈을 아시고 이 위선자들아, 어찌하여 나의 속을 떠보느냐? 세금으로 바치는 돈을 나에게 보여라 하셨다. 그들이 데나리온 한 닢을 가져오자 이 초상과 글자는 누구의 것이냐 하고 물으셨다. 카이사르의 것입니다. 그들이 이렇게 대답하자 그러면 카이사르의 것은 카이사르에게 돌리고 하느님의 것은 하느님께 돌려라 하고 말씀하셨다."(마태복음 22장 17-22, 공동번역)

이 구절은 예수를 못마땅하게 여기던 바리사이파 사람들이 함정을 파 예수를 고발하려고 시도하는 장면이다. 그들의 시도는 예수의 지혜로운 대처로 실패한다.

앞에 언급된 성경 구절들은 성경에 여러 번 나오는 무게 및 통화의 단위를 언급하고 있다. 먼저 '세겔seckel' 또는 '세켈'은 오래전부터 이스라엘 땅에서 통용되는 무게의 단위로서 오늘날 미터법 단위로는 11그램 정도의 무게로 알려져 있다. 그런데 이는 현재 이스라엘의 공식 통화의 이름이다. '달란트talent', 즉 '탤런트(영어식 발음)'는 당시 중동 및 그리스, 로마 등에서 통용되던 무게의 단위다. 이 단어는 영어로 들어와 '재능' '재능을 가진 사람'을 의미하게 되었으며, 우리나라에서는 연기자를 뜻하는 '탈렌트'로 더 널리 쓰이고 있다. 미터법으로는 30킬로그램 안팎으로 추정된다고 한다. 예로부터 거래 방법은 물물교환 아니면 사는 쪽에서 금이나 은 등 귀금속의 무게를 달아 파는 쪽에 지불했기 때문에 성경에도 거래를 묘사하는 구절에는 이런 무게의 단위가 자주 나오는 것이다.

'데나리온denarion(그리스식 명칭)', 즉 '데나리우스denarius(로마식 명칭)'는 당시 로마의 식민지였던 이스라엘 땅에서 통용되던 로마 돈의 한 종류다. 국가제도가 발달할수록 국가가 주화를 찍어 거래의 수단으로 인정해주고 대신 '발권이익(시뇨리지Seigniorage)'을 얻는다. 이는 은으로 만든 주화로서 무게는 4그램 정도이고, 로마 황제의 초상과 문자가 새겨져 있다. 그런데 이것도 '아스as'라는 기존 동전을 남발함으로써 그 가치가 떨어지자 아스 동전 10개의 가치에 해당하는 동전으로 새로 만든 것이다. 참고로 라틴어로 데니deni는 10을 의미한다. 현재는 '디나르dinar'라는 형태로 알제리, 이라크, 쿠웨이트 등 중동 국가들의 통화 이름으로 전승되었다.

오늘날 인도-유로피언 어족에 속하는 나라들의 통화 이름 대부분의 기원은 첫째, 그 돈이 최초로 발행이 되던 지명, 둘째 그 돈을 최초로 발행한 주체(왕실 등), 셋째 귀금속을 뜻하는 낱말, 넷째는 '무게'나 '무게의 단위'를 뜻하던 단어 등, 이렇게 네 가지 카테고리로 분류할 수 있다.

첫째가 앞 장에 다룬 '달러'로, 달러는 현재 체코공화국의 '요하킴스탈'에서 발행된 돈, 즉 '요하킴스탈러'라는 말에서 유래했다. 둘째에 해당하는 돈의 이름은 덴마크와 노르웨이의 '크로네crone'나 스웨덴의 '크로나krona'인데, 그 뜻은 모두 '왕관crown'이다. 브라질의 '헤알real'도 포르투갈어로는 로얄royal, 즉 왕실이라는 뜻이므로 이 카테고리에 해당한다. 셋째는 인도의 '루피rupee'와 인도네시아의 '루피아rupiah'로서 모두 은을 뜻하는 산스크리트어 '루파야rupaya'에서 왔다. 넷째는 성경에 나오는 달란트나 세겔, 그리고 조금 억지를 부리자면 데나리온도 이 카테고리에 속한다. 오늘날 영국의 파운드, 러시아의 루블ruble, 지금은 없어졌지만 독일의 마르크mark도 마찬가지다. 그리고 필리핀 및 남미 여러 나라의 통화 이름인 '페소'도 이 카테고리에 속한다.

페소의 어원은 '무게'라는 뜻의 라틴어 '펜숨pensum'이다. 페소는 16세기 에스파냐에서 주조되기 시작한 은화에 붙여진 이름으로서, 이 은화 1닢은 처음에는 무게 27.468그램, 은 함량 93퍼센트였다. 페소는 16세기부터 19세기 들어와서까지 세계에서 가장 영향력 있는 통화였다. 중국, 일본 등 동양과 서양 간의 무역에도 많이 쓰여 이들 나라에 에스파냐나 멕시코, 볼리비아 등 신세계 식민지에서 주조된 이 은화가 대량으로 유통될 정도였다. 그래서 한때는 에스파냐의 식민지였던 필리핀이나 남미 각국의 돈 이름은 예외 없이 페소였다. 예컨대 볼리비아, 코스타리카, 에콰도르, 엘살바르도, 페루, 온두라스 등 남미 19개국이 페소를 공식 통화의 명칭으로 사용했었다. 에스파냐까지 합쳐 도합 21개국이 페소라는 이름을 사용했던 것이다.

그러나 페소의 위상은 예전 같지 않다. 에스파냐가 2002년부터 유로화를 쓰면서 페소를 버린 것은 예외로 하더라도 이제는 남미의 아르헨티나, 칠레, 콜롬비아, 쿠바, 도미니카공화국, 멕시코, 우루과이 등 7개국과 필리핀, 단 8개국이 페소를 돈의 이름으로 사용하고 있다. 통화 이름의 위상이 통화의 원래 발행국의 경제적·군사적 역량의 성쇠에 달려 있다는 것을 보여주는 사례로 페소의 추락이 자주 언급된다. 실제로 에스파냐의 무적함대가 영국에 패한 이후 에스파냐의 국력도 급격히 쇠퇴의 길로 들어섰고, 페소도 같은 운명을 맞이했다. 이후 영국의 경제력과 군사력이 세계 최강으로 올라서자 파운드는 세계 최고의 결제통화로 올라섰고, 두 번의 세계대전 이후 미국이 세계 1등 국가가 되자 달러는 세계 제1의 통화가 되었다. 요즘 미국의 상대적 위치가 예전보다 많이 하락하면서 중국이 부상하고 있다. 지금은 유로가 제2의 국제통화이지만 언젠가 중국의 위안이 유로는 물론 달러까지 제치고 국제통화가 될 수 있을까? 그런데 많은 학자들은 근대 이후 파운드와 달러가 국제통화가 된 더 근본적인 이유는 경제력이나 군사력보다 민주주의와 법치주의에 입각한 두 나라 금융 시스템의 신뢰가 뒷받침되었기 때문이라 주장한다. 이에 비추어 사드 보복 같은 사례를 보면 중국의 위안이 세계의 통화가 될 가능성은 앞으로 정말 오랫동안 요원해 보인다.

SEIGNIORAGE

'시뇨리지'는 초야권?

1965년 개봉한 「대장군The War Lord」이라는 할리우드 영화가 있다. 나는 중학생 시절에 TV 「주말의 명화」를 통해서 처음 이 영화를 보았다. 찰튼 헤스톤Charlton Heston이 주연을 맡아 열연했다. 11세기 노르망디를 배경으로 한 이 영화의 주인공은 '크리사곤chrysagon'이라는 기사다. 모시는 공작의 명으로 오랫동안 전장을 누빈 그가 어느 마을에 영주로 부임해오면서 영화는 시작된다. 영지의 숲에서 한 처녀와 조우한 이후에 사랑에 빠진 그에게 마을의 족장이 찾아와 바로 그 여인과 자기 아들의 결혼을 승낙해주길 청한다. 그는 마지못해 승낙해주었으나 곧바로 후회하고 이른바 '드루아 뒤 세뇨르droit du seigneur', 즉 영주의 초야권을 행사한다. 초야권이란 영주가 결혼하는 처녀와 첫날밤을 보내고 이튿날 새벽에 신랑에게 돌려주는 권리다. 하지만 그는 초야권을 행사한 후 신부를 돌려주지 않았다. 그러자 마을 주민이 바다 건너 외적 켈트족과 야합하여 영주의 성을 공격해온다는 것이 그 줄거리다.

서양의 중세시대에는 '세뇨르', 즉 영주는 자기 영지 내에서 이렇듯 막강한 권리를 행사할 수 있었다. 세뇨르라는 말은 프랑스어로서 이 말의 어원은 '세니오르senior'라는 라틴어다. 현대 영어에서 '연장자'라는 뜻으로 그 원형이 남아 있다. 중국 영화에서 흔히 나오는 '대인大人' 또는 우리나라 사극에서 나오는 '나으리'라는 뜻이다. 영주는 세금을 징수할 수 있으며 더 나아가 주화를 발행하는 권리까지 가지고 있었다. 이런 막강한 영주의 힘을 '시뇨리지seigniorage'라고 불렀다.

그런데 세월이 지날수록 그 뜻은 '주화 주조권'으로 의미가 좁혀지고, 나중에는 '주화를 발행하면서 얻는 이익'으로 더욱 좁혀졌다. 즉 동전을 주조하는 원가와 동전 액면가의 차이는 영주에게 이익으로 돌아가는데, 이를 가리키는 말이 된 것이다. 이 단어는 후세에 '국가가 화폐를 발행할 수 있는 권리에서 얻는 이익', 즉 '발권이익發券利益'이라는 뜻으로 발전했다. 유통되는 돈의 종류가 동전에서 비교적 제조원가가 떨어지는 지폐로 바뀌면서 발권이익이 더욱 커진 것은 물론이다.

정도의 차이는 있지만 지금도 화폐를 발행하는 거의 모든 국가가 발권이익을 누리고 있다. 예를 들어 미국 재무부는 2011년 기준으로 '쿼터quarter(25센트)' 동전 4개를 발행할 때마다 45센트의 이익을 올렸다. 또 미국 정부는 지난 1999년도 동전 수집가들을 겨냥하여 미국의 50개 주와 5개 자치령 그리고 수도인 워싱턴 DC를 각각 새겨넣은 56개의 특별 '쿼터' 동전을 세트로 구성하여 14달러에 판매했다. 일견 원가에 판매한 것으로 보이나, 사실상 동전 하나당 제조원가는 5센트였으므로 이 '사업'을 통해서 정부가 벌어들인 돈은 63억 달러에 달했다.

물론 발권이익을 무한정 누릴 수 있는 것은 아니다. 유통되는 돈의 양이 많아지면 돈의 가치가 떨어지고 상대적으로 재화의 가치는 오르는 탓에 돈을 지나치게 찍어내면 인플레이션이 뒤따른다. 돈을 지나치게 많이 찍어 경제를 거덜낸 사례는 동서양을 막론하고 오래 전부터 있었다. 근세 역사만 보더라도 제1차 세계대전 패전 후 영국, 프랑스 등에 줄 전쟁배상금을 마련하느라 발권력을 남발하여 히틀러 출현의 빌미를 제공한 독일이 대표적인 사례다. 결국 '인플레이션의 복수'가 각국의 시뇨리지 욕구를 억제해온 것이다. 그러나 1990년대 초 중국이 세계경제에 편입되면서 이야기가 달라졌다. 중국이 '세계의 공장'으로 부상하면서 값싼 중국 상품이 세계에 퍼지자 전 세계 물가상승률은 거의 반 토막 났다. 돈을 찍어도 물가가 오르지 않는 신세계, 즉 '신경제' 상황이 펼쳐진 것이다. 이에 미국을 비롯한 각국의 중앙은행들은 앞다투어 돈을 찍어냈고, 이것이, 중국 덕분에 소비자 물가는 올리지 못했지만, 나스닥NASDAQ 등의 주식, 주택 등의 부동산, 석유 등의 자원 순으로 자산 버블을 만들어왔다. 그리고 이 버블이 꺼지면서 세계적 규모의 심각한 금융위기와 경제위기가 시작되었다. 미국 자신도 시뇨리지의 대가를 톡톡히 치른 셈이다.

그럼에도 불구하고 아직도 발권이익을 가장 많이 누리는 나라는 단연코 미국이다. 앞서 말한 종류의 직접적인 이익 말고도 '간접적인' 이익도 엄청나다. 미국은 1980년대 이후로 만성적인 경상수지 적자를 기록해왔다. 외국에 판 상품보다 외국에서 사온 상품이 훨씬 많다 보니 당연히 이 대금의 형태로 달러가 미국 밖으로 나갈 수밖에 없었다. 만약 미국이 아닌 다른 나라가 이런 경우였다면 한국도 겪었던 '외환위기'를 이미 여러 번 겪어 국가경제가 절단났을 것이다. 하지만 미국의 달러화가 세계의 기축통화였기 때문에 미국은 대외 채무가 얼마가 되든 '발권력'을 동원하면, 즉 돈을 찍어내어 갚으면 되는 이점을 향유해온 것이다.

물론 이렇게 미국이 달러를 남발하면 필연적으로 달러가 흔해져서 기축통화의 위치가 위협받는 상황을 맞을 수 있다. 실제로 한 논문에 따르면 미국 달러의 약 3분의 2가 미국 밖으로 빠져나간 상태라고 한다. (그러나 미국의 중앙은행은 미국 달러의 약 3분의 1만이 해외에서 유통되고 있다는 통계를 내놓고 있다.) 하지만 미국 국채의 최대 투자자인 중국처럼 각국이 보유 달러를 다시 미국에다 투자하는 통에 해외로 나간 달러의 상당량이 미국으로 환류되어 달러 가치의 든든한 버팀목이 되어왔다.

이른바 '달러의 리사이클링' 현상이다. 게다가 달러의 위치를 위협하던 유로화가 요즘 그리스 사태, 브렉시트 등으로 그 위세를 크게 잃을 조짐을 보여 적어도 당분간은 달러의 행운이 계속될 것 같다. 이래저래 미국은 아직까지는 '영주의 나라'인가 보다.

돈에 대한 관심^{Interest}이 많으면
금리도 올라간다?

구약성경의 출애굽기에 나오는 구절이다. "너희 가운데 누가 어렵게 사는 나의 백성에게 돈을 꾸어주게 되거든 그에게 채권자 행세를 하거나 이자를 받지 마라. 만일 너희가 이웃에게서 겉옷을 담보로 잡거든 해가 지기 전에 반드시 돌려주어야 한다. 덮을 것이라고는 그것밖에 없고, 몸을 가릴 것이라고는 그 겉옷뿐인데 무엇을 덮고 자겠느냐?"(출애굽기 22장 24~28절, 공동번역) 이번에는 구약성경의 신명기에 나오는 구절이다. "같은 동족에게 변리를 놓지 못한다. 돈 변리든 장리 변리든 그밖에 무슨 변리든 놓지 못한다. 외국인에게는 변리를 놓더라도 같은 동족에게는 변리를 놓지 못한다. 그래야 너희가 들어가 차지하려는 땅에서 너희가 손을 대는 모든 일에 너희 하느님 야훼께서 복을 내리실 것이다."(신명기 24장 20~21절, 공동번역)

이렇듯 구약성경에서는 이자를 받는 행위를 죄악시하고 있다. 하지만 이것이 애초부터 철저히 지켜지지 않았거나, 후세에 변질된 탓인지 신약성경에는 하늘나라에 대한 비유에 이자가 동원되고 있다. "하늘나라는 또 이렇게 비유할 수 있다. 어떤 사람이 먼 길을 떠나면서 자기 종들을 불러 재산을 맡기었다. 그는 각자의 능력에 따라 한 사람에게는 돈 다섯 달란트를 주고 한 사람에게는 두 달란드를 주고 또 한 사람에게는 한 달란트를 주고 떠났다. (중략) 그런데 한 달란트를 받은 사람은 와서 '주인님, 저는 주인께서 심지 않은 데서 거두시고 뿌리지 않은 데서 모으시는 무서운 분이신 줄을 알고 있었습니다. 그래서 두려운 나머지 저는 주인님을 돈을 가지고 있다가 땅에 묻어두었었습니다. 보십시오. 여기 그 돈이 그대로 있습니다' 하고 말했다. 그러자 주인은 그 종에게 호통을 쳤다. '너야말로 악하고 게으른 종이다. 내가 심지 않은 데서 거두고 뿌리지 않은 데서 모으는 사람인 줄 알고 있었다면 내 돈을 돈 쓸 사람에게 꾸어주었다가 내가 돌아올 때는 그 돈에 이자를 붙여서 돌려주어야 할 것 아니냐? 여봐라, 저자에게서 한 달란트마저 빼앗아 열 달란트 가진 사람에게 주어라. 누구든지 있는 사람은 더 받아 넉넉해지고 없는 사람은 있는 것마저 빼앗길 것이다. 이 쓸모 없는 종을 바깥 어두운 곳으로 내어쫓아라. 거기에서 가슴을 치며 통곡할 것이

다."(마태복음 25장 14~32절, 공동번역)

예수 부활 후 로마로 진출한 기독교는 혹독한 박해를 이겨내고 마침내 국교로 지정되기에 이른다. 이렇게 세워진 로마의 가톨릭교회는 중세까지도 절대적인 권위를 인정받으며 한때는 국가를 넘어서는 힘을 가지고 있었다. 이 교회가 중세까지 구약의 정신을 철저히 계승한 탓인지 '이자를 받는 돈놀이'를 금했다. 오늘날 '고리대금업'에 해당하는 영어 단어는 '유저리usury'인데, 원래는 고금리든 저금리든 그냥 '대금업'을 뜻하는 단어였다. 이 단어의 어원은 '돈을 사용하는 대가'를 뜻하는 라틴어 '우수라usura'다. 영어에는 14세기 초 이 형태로 들어왔는데 교회가 '돈놀이' 자체를 계속 죄악시하자 15세기 중반부터는 이 뜻이 아예 '과도한 이자를 받는 돈놀이'로 변질되었다.

하지만 신약성경이 쓰여진 시대와 마찬가지로 돈을 빌려주는 대가를 주고받은 일은 사람들 사이에서 좀처럼 근절되지 않았다. 물론 이런 행위를 '유저리'라 부르면 교회법에 저촉될 것이 뻔했으니 아마도 오늘날 우리나라에서 '사철탕'이 '보신탕'을 대신한 것처럼 다른 이름으로 부를 필요성이 제기되었을 것이다. 그런데 마침 당시 빌려준 돈을 제때에 돌려받지 못한 채권자에게 그 '보상금'의 형태로 일정 금액을 지불하는 관행이 있었다. 이는 '인터레세interesse'라고 불렸다. 이 말의 어원은 철자만 조금 다른 라틴어 '인터레세interresse'로서, 원래 뜻은 '···사이에inter ··· 가 있다esse'이다. 여기에서 '이해관계, 중요성'이라는 뜻이 나왔고, 이는 프랑스어로 흘러들어가면서 '법적 이해관계'로 의미가 확대된 후, 영어에는 14세기 말에 '손해에 대한 보상'이라는 뜻까지 함께 들어왔다. 이 말이 교회법이 금한 '유저리', 즉 대금업 행위에 대한 대용 언어 (내용은 사실상 대동소이하지만) 환영을 받았을 것이다. 실제로 16세기 초 영국에서는 적정한 이자를 받는 것은 교회법이 금한 '유저리'와는 다르게 취급받았다. 이 단어는 후에 프랑스어나 영어 모두에서 현재처럼 '인터레스트interest' 형태가 되었다. 18세기 후반 이 단어는 '흥미, 관심'으로까지 그 의미가 확대되어 현재에 이르고 있다.

이자란 인류의 역사만큼이나 긴 역사를 가지고 있다. 초기의 이자는 주로 곡물의 씨앗이나 가축을 빌려주고 이듬해에 이 씨앗이나 가축이 낳은 수확물이나 새끼로 돌려받는 형태였다. 예를 들어 4대 문명의 하나인 메소포타미아 문명의 문을 연 수메르Sumer에서는 가축의 새끼나 이자가 모두 '마스mas'라는 한 단어였다고 한다. 하지만 이후 금, 은 등 귀금속에 대한 이자도 등장한다. 기원전 18세기에 쓰여진 바빌론Babylon 왕 함무라비Hammurabi의 법전에도 "상인이 옥수수를 빌려주면 옥수수 1구르 (gur:부피의 단위, 300실라에 해당)에 대해서 100실라의 이자를 받을 수 있다. 은을 빌려주면 은 1세켈sechel (무게의 단위)당 1/6세켈과 여섯 그레인grain (옥수수 한 알만 한 크기의 은)을 이자로 받을 수 있다"고 규정하고 있다. 곡물에는 연 33퍼센트, 은에는 연 20퍼센트의 이자 상한선을 규정한 것이다. 곡물보다 은에 더 작은 이자율이 적용된 것은 흥미롭다. 이는 새끼를 낳거나 새 작물을 생산하지 못하는 등 '비생산적'인 재화에 대해서는 그만큼 이득이 적게 돌아가는 것이 맞는다고 본 결과로 보인다. 또 이자 상한선을 규정하는 이 조항 다음에는 상한선보다 더 받는 자에게는 원금과 이자를 모두 몰수한다는 조항이 뒤따른다.

그런데 이자는 별로 긍정적인 대접을 받지 못했다. 앞서 언급한 구약성경은 물론이고 고대 그리스에서도 그랬다. 플라톤Plato과 아리스토텔레스Aristotle도 부정적이었다. 아리스토텔레스는 저서 『정치학Politics』에서 "가장 증오스러운 것은, 그것도 가장 확실한 이유로, 자연적인 것이 아닌 돈에서 이득을 얻는 대금업이다. 왜냐하면 돈이란 교환의 수단이지 이자를 붙여 늘리는 것이 그 목적이 아니기 때문이다"라고 썼다. 서기 325년 '니케아 공의회Councils of Nicaea'에서는 성직자가 이자를 받고 돈을 빌려주는 행위를 금지하였고, 그 뒤로 이 조항은 모든 신자에게 적용되었다. 이 때문에 이 조항에 저촉받지 않되 구약성경에 쓰여진 대로 '이방인에 대한 이자 수취는 허용된' 유대인들이 대금업으로 몰려들었다. 이때부터 힘을 키운 '유대 자본'은 오늘날 월스트리트를 포함한 세계 금융계를 좌지우지하는 큰손이 되었다. 하지만 (이자와 마찬가지로) 그들의 이미지도 매우 부정적이어서 셰익스피어의 『베니스의 상인The Merchant of Venice』에 나오는 고리대금업자 샤일록이 유대인 것도, 극악한 독재자 히틀러가 유대인을 대량 인종청소의 대상으로 삼은 것도 이와 무관치 않다.

경제 위기 극복 위한 '저금리 체제' 시행

그러나 지금 대부분 국가의 경제체제인 시장경제하에서 이자는 정당한 경제활동 행위다. 빌리는 사람 입장에서는 금리 부담을 지지만, 경제학 이론상으로 빌려주는 사람 입장에서 이자란 '미래에 대비할 목적으로 현재의 소비를 희생한' 것에 대한 보상이기 때문이다. 또 이자는 인플레이션에 대한 보상이기도 하다. 더구나 이런 보상이 없다면 저축의 양은 현저히 줄어들 것이고 경제발전에 꼭 필요한 자본 형성이 이루어지기 힘들 것이다.

현재 중앙은행이 정하는 정책금리가 마이너스인 나라도 존재하는 등 세계적으로 유례없는 초저금리 체제가 유지되고 있다. 이론상 금리는 경제성장률과 물가상승률의 합인데, 2000년대 초 이후 몇 차례의 세계적인 경제·금융위기가 닥친 후 각국의 경제성장률이 좀처럼 올라가지 못한 데다 중국산 저가 제품이 세계의 물가를 잡는 상황이 계속되었기 때문이다. 우리나라도 예외가 아니어서 1990년대 말 외환위기를 극복한다는 명분으로 시작한 저금리 체제가 해가 거듭될수록 더욱 심화되어 왔다.

이 과정에서 1,400조 원이 넘는 가계부채가 쌓였다. 신용카드 장려 정책, 부채 탕감 등 '빚 권하는' 정부 정책은 차치하고라도, 저금리의 유혹이 갈수록 더 강해졌기 때문이다. 게다가 저금리는 '더 늦기 전에 집을 사야 한다'는 심리를 부추겼고, 그 결과 집값이 천정부지로 상승하고 말았다. '저성장 → 저금리 → 가계부채 증가 → 원금, 이자 상환 부담 증가 → 소비 부진 → 저성장의 악순환은 이제 한국경제의 고질병이 되었다. 이런 상황에서 벗어날 묘수를 우리의 정치권이나 정책 당국자들이 과연 가지고 있을까? 그들이 상황을 이렇게 만든 주역인데 말이다.

3부

금융
이야기

BANK

'강둑'이 은행이 된 사연

영국의 대문호 셰익스피어가 16세기 말에 지은 희곡 『베니스의 상인』
은 우리나라에서도 널리 읽힌 작품이다. 그 줄거리는 대강 다음과 같
다. 베니스의 귀족이지만 재산을 날려 빈털터리가 된 바사니오는 명문
가의 상속녀인 포샤에게 구혼하고 싶지만 돈이 없어 고민한다. 그러
나 그의 부자 친구인 안토니오가 보증을 서주어 유대인 대금업자 샤일
록에게서 돈을 빌려 결혼에 성공한다. 단 샤일록은 꿔준 돈을 기한 내
에 갚지 못하면 보증을 선 안토니오의 살 1파운드를 떼어가겠다는 조
건을 계약서에 박아넣는다. 평소 고리대금업자인 자신을 비난해온 안토
니오에게 복수할 기회를 잡아볼 요량이었다. 그런데 안토니오의 무역선

이 폭풍으로 침몰해 기한이 지나도 돈을 받지 못하자 샤일록은 안도니오의 살 1파운드를 떼게 해달라고 법원에 제소한다. 이 사실을 알게 된 포샤는 남편이 받은 은혜를 대신 갚을 목적으로 재판관으로 변장하여 법정에 선다. 그러고는 계약서대로 살 1파운드는 잘라도 좋지만 계약서에 적혀 있지 않은 단 한 방울의 피도 흘려서는 안 된다는 판결을 내리면서, 이를 어길 시에는 샤일록의 재산을 몰수하겠다고 선언한다. 샤일록이 패배를 자인하자, 포샤는 이를 받아들이기는커녕 한발 더 나아가 이방인이 베니스 시민의 생명을 빼앗으려 한 죄에 대한 벌로 '이방인' 샤일록의 전 재산을 몰수하는 판결을 내린다.

반反유대주의의 냄새가 물씬 풍기는 이 작품의 등장인물 중 주인공보다 더 유명한 사람은 샤일록이라는 이름의 유대인 대금업자다. 셰익스피어가 이 희곡을 쓸 당시에도 영국에서는 유대인들을 적대시하는 풍조가 강했고, 이 세태를 작품에 반영한 것이다. 유대인들이 배척받은 여러 이유 중 하나는 이들이 대금업, 특히 고리대금업의 주역이라는 점이었다. 그런데 이탈리아가 배경인 이 작품에서 악한으로 그려지고 있는 샤일록은 현대 '은행가banker'의 원조 격이라 할 수 있다. 이는 서구에서 은행을 뜻하는 단어의 원조가 이탈리아의 대금업에서 비롯되었기 때문이다.

이탈리아나 에스파냐에서는 은행을 '방코banco'또는 '방카banca'라고 부른다. 당연히 에스파냐어를 쓰는 남미 국가들에서도 은행을 가리키는 말은 동일하다. 영미권에서는 은행을 '뱅크bank'라고 부르고 독일(bank 또는 banken)이나 프랑스(banque)도 표기법에서 약간 차이가 있으나 발음은 매우 유사하다. 심지어 러시아에서도 은행에 해당하는 단어의 발음은 영미권과 비슷하다.

이렇듯 서구에서 은행이라는 뜻으로 쓰이는 'bank'를 영한사전에서 찾아보면 '은행'이라는 뜻과 함께 '둑, 제방', '흙이나 눈 등을 두둑이 쌓아올린 더미', '언덕, 경사지' 등의 뜻이 나온다. '은행'에서 파생된 것으로 보이는 노름의 '판돈'이라는 뜻도 있다. 이 중 '제방'이라는 뜻 때문에 강둑이 물길로부터 논과 밭을 지켜주듯이 은행이 예금자들의 돈을 지켜준다고 연상하는 사람들이 많을 것이다.

원래 이 방코, 방카, 뱅크가 어떻게 은행을 의미하는 단어가 되었는지는 몇몇 설이 있다. 이 중 가장 믿을 만한 것이 중세 이탈리아(15세기경)에서 비롯되었다는 설이다. 방코나 방크는 어원이 의자bench나 탁자table를 뜻하는 라틴어 '반쿠스bancus'다. 비슷하게도 고대, 중세의 게르만어 'bakki'나 영어 'benc'에서도 이 단어들의 원형이 발견되는데 모두 같은 뜻이다. 그런데 이런 단어들의 원래 뜻은 앞서 말한 대로 '흙더미'다. 이것이 강둑이나 의자, 탁자의 뜻을 가지게 된 이유는 무엇일까? 아마도 흙더미를 높이 쌓으면 둑이나 언덕이 되고 더 나아가 고대, 중세에 변변한 재료가 없어 흙더미 등을 쌓아 의자나 탁자로 사용했기 때문일 것이다.

그리고 이 의자, 탁자가 '은행'이 된 연유는 무엇일까? 당시 이탈리아 롬바르디아Lombardia 지방 등에서는 유대인들이 주류를 이루는 대금업자들이 모여서 영업하는 장소가 따로 있었다고 한다. 『베니스의 상인』에서 샤일록이 유대인으로 나오는 것도 이와 무관하지 않다. 모두 자신만의 방코나 방카, 즉 의자나 탁자를 놓고 영업을 했는데, 방코 또는 방카에 간다는 뜻은 돈을 빌리거나 맡기러 이들이 모여 있는 장소에 간다는 의미였다. 바로 여기에서 오늘날 서양의 은행을 뜻하는 단어가 탄생했다.

'파산'을 뜻하는 영어 단어 '뱅크럽시Bankruptcy'도 여기서 유래되었다. 이탈리아의 대금업자가 모여 있는 곳에서, 한 대금업자가 빌려준 돈을 못 받아 돈을 맡긴 사람에게 그 돈을 되돌려줄 수 없어 더 이상 영업을 할 수 없다면 어떻게 될까? 그가 영업 불능을 선언하면 주위의 대금업자가 몰려와서 (아마도 경쟁자 하나가 줄어들어 기쁘다며) 그 사람의 방코나 방카를 부수거나, 당사자가 직접 부수게 하여 그의 영업 종료를 선언했다고 한다. 방코 또는 방카의 라틴어 어원인 '반쿠스'와 '부수다'라는 뜻의 라틴어 단어 '루프투스ruptus'가 결합한 말이 오늘날 파산을 뜻하는 영어 단어가 되었다.

그런데 앞서 말한 대로 '뱅크'라는 영어 단어에서 은행이 제방처럼 내 돈을 잘 지켜줄 것이라는 연상을 떠올리는 것이 전혀 엉뚱한 것일까? 꼭 그렇지만은 않은 것 같다. 영어의 숙어인 '뱅크 온bank on'은 '믿

고 의지하다'라는 뜻으로 쓰인다. 이는 은행에 돈을 맡기는 것처럼 듬직하다는 뜻이니, 그리 잘못된 연상은 아닐 것이다. 그러나 지난 10여 년 동안 세계 각국은 몇 번의 금융위기를 거치면서 수많은 은행이 사라졌고 아직도 유럽이나 남미 각국에서는 걸핏하면 '뱅크 런Bank Run(대량의 예금 인출 현상)'이 발생하니 이대로 가다가는 이 말도 더 이상 쓰이지 않을지도 모르겠다.

　우리나라에서도 '은행불패銀行不敗'의 신화가 깨진 지 오래다. 1990년대 말 외환위기를 겪은 후 대우를 비롯한 여러 대기업이 도산하자 이들에게 대규모의 대출을 해주었던 시중은행들도 부실해졌고, 그 결과 상당수 은행의 이름이 정부 주도의 통폐합 및 외국자본의 인수로 인해 역사의 뒤안길로 사라졌다. 유서 깊은 조흥, 서울신탁, 상업, 한일, 제일, 한미, 외환 등이 그 이름들이다. 1990년대 중반 정부 정책에 따라 상호신용금고에서 종합금융투자회사(종금사)를 거쳐 새 간판을 내건 '저축은행'들의 부실화 문제는 더욱 심각하여 많은 수가 파산한 후 아예 없어졌다. 이런 시중 은행(지방은행 포함)이든 저축은행이든 이들의 구조조정 과정에 국민의 세금이 엄청나게 투입된 것은 물론이다. 이와 함께 수많은 은행원의 '일자리'가 사라졌다. '의자를 부수는 이야기'가 더 이상 먼 나라의 옛날 일화가 아니게 된 것이다. 은행이 더 이상 100퍼센트 신뢰의 대상이 아닌 이 시대가 왠지 허전하고 쓸쓸하게 다가온다.

WALL STREET

'벽의 거리(월스트리트)'가 세계 금융의 중심지가 된 사연은?

유학 시절에 나는 학문적으로 큰 성취를 이루고 대통령 자문으로 활동한 적이 있는 저명한 경제학 교수의 수업을 들은 적이 있다. 유대인 이민자의 후손인 그는 수업 시간 중에 1930년대 미국경제의 대공황과 자신의 할아버지에 관한 일화를 들려주었었다.

대공황이 터졌을 때 그 교수의 할아버지는 애팔래치아Appalachia 산맥이 옆으로 지나가는 작은 도시에서 철물점hardware store을 운영하고 있었다. 대공황의 도화선에 불을 붙이며 월스트리트Wall Street의 뉴욕증시가 폭락하자 할아버지는 거리로 달려나가 덩실덩실 춤을 추었다. 할아버지는 평소 '탐욕스러운' 자본가들을 몹시 증오했는데, 이들에게 '하느님의

심판'이 내려져서 정의가 실현되었으니 기뻐서 그랬다고 했다. 그런데 6개월도 지나지 않아 할아버지가 운영하는 가게도 망했다. 미국경제 전체가 나빠졌기 때문이다.

뉴욕시는 미국 최대의 도시이자 경제 수도다. 이 도시에는 다섯 개의 '구borough'가 있는데, 이 중에서도 '맨해튼Manhattan'이 으뜸이다. 16세기 초부터 지오바니 베라자노Giovanni da Verrazzano 등 유럽인들의 탐사대가 다녀간 이후 맨해튼에는 17세기 들어 네덜란드인들이 정착하기 시작했다. 당시 신대륙의 귀중한 생산품인 모피를 거래하기 위해서였다고 전해진다. 당시 이 섬에는 '레나피Lenape'족이라는 인디언들이 살고 있었는데, 이들은 이 섬을 자기네 말로 '언덕이 많은 섬'이라는 뜻의 '마나하타Manna-hata'라고 불렀다고 한다. 이것이 오늘날 이 섬 이름의 어원이 되었다. 1626년 네덜란드인들은 이들 원주민으로부터 이 섬을 60길더guilder에 사들였다. 60길더는 당시 환율로 환산하면 24달러, 오늘날의 돈 가치로 따지면 약 1,000달러에 해당하는 매우 작은 금액이었다.

맨해튼이 뉴욕뿐만 아니라 미국경제 전체에 중요한 의미를 가지는 이유는 여기에 미국을 넘어 세계의 금융 중심지인 '월스트리트'가 있기 때문이다. 월스트리트 주변에는 뉴욕 증권거래소NYSE, 나스닥 등 세계 최고의 증권거래소들이 위치해 있고, 한때는 사실상 미국의 중앙은행 역할을 했던 JP 모건JP Morgan을 비롯해 세계적인 금융기관의 본부들이 몰려 있었다. 그래서인지 수십 년 전부터 이 거리 이름이 이 세계금융의 중심지 전체의 명칭으로도 사용되었다. 그런데 '벽의 거리'라는 뜻의 그 이름은 어디서 유래되었을까?

네덜란드인들은 맨해튼에 들어와 살기 시작할 무렵 이 섬의 남쪽 끝에 자리를 잡았다. 이 지역 이름도 그들의 수도 이름을 따서 '뉴암스테르담 Nieuw Amsterdam'이었다. 그런데 1652년 영국과 네덜란드 사이에 전쟁이 벌어지면서 그 여파가 식민지에도 미치게 되었다. 뉴암스테르담도 영국의 공격을 걱정해야 될 처지가 된 것이다. 당시 이 지역의 총책임자인 피터 스타이베선트 Peter Stuyvesant는 대책을 강구해야 했다. 남쪽은 지형상 절벽이 많아 영국군의 상륙이 어렵다고 판단한 그는 정착지의 북쪽에 방어벽, 즉 '월wall'을 쌓기로 하고, 주민과 흑인 노예들을 동원해 섬의 서쪽과 동쪽을 가로지르는 약 4미터 높이의 나무 울타리를 800미터가량 설치했다. 물론 그들의 정착지 북쪽에 거주하는 인디언들의 침략에 대비하자는 목적도 있었다. 하지만 이 방어벽은 적어도 영국군에 대해서는 제 역할을 하지 못했다. 1664년 영국군은 함대를 이끌고 맨해튼 남쪽 끝으로 상륙해 순식간에 정착지를 점령했기 때문이다. 점령 후 영국군은 이 지역 이름도 영국 도시 요크York의 이름을 따서 '뉴욕New York'으로 바꾸었다.

이 울타리는 그 후 수십 년 동안이나 그대로 남아 있으면서 퇴락을 거듭했다. 그러다가 결국 1698년 이 울타리의 서쪽 끝 밖의 습지가 간척되고 그 자리에 '트리니티 교회Trinity Church'가 세워지면서 철거되었다.

그리고 이 방어벽이 서 있던 자리는 도로가 되었다. 그 과정에서 스타이베선트가 군대의 이동 통로 쓰기 위해서 건축을 제한했던 이 울타리 남쪽의 폭 30미터가량의 여유 부지가 그대로 활용되었고, 그래서 '벽의 거리', 즉 '월스트리트'라는 이름을 갖게 된 것이다.

월스트리트 근처가 금융 거래의 중심이 된 연유는 무엇일까? 네덜란드인들은 정착생활 초기부터 이 목재 방어벽 근처에 모여 주식, 채권 등을 거래하기 시작했다. 그러던 중 1792년 5월 17일, 시장 질서 확립이 필요하다고 느낀 증권 거래 참가자들이 이 거리 옆에 서 있던 큰 나무 아래에 모여 거래 규칙을 정한 것이 뉴욕증권거래소의 효시가 되었다. 이 나무는 플라타너스의 일종인 '버튼우드Buttonwood'라는 상록수다. 월스트리트의 기원이 방어벽 역할을 한 울타리와 사계절 변치 않는 나무와 관계 있는 것은 시사하는 바가 크다. 하지만 그 이면에는 네덜란드인들이 이 지역의 역사를 열었다는 그리 긍정적이지 못한 상징성도 존재한다. 이들은 서양의 자본주의 역사상 최초의 대규모 투기 사건으로 알려진 '튜립 버블Tulip Bubble'의 장본인이며, 공매도, 작전 등 현대 증시에서도 투기의 수단으로 쓰이는 기법을 발명한 주체다.

이런 이중적인 탄생 배경은 이후 이 지역의 역사에 묘하게 반영되었다. 월스트리트는 사계절 산소를 공급하는 상록수처럼 미국경제에 꾸준히 영양을 공급하며 세계 최고 강대국의 원천이 되어주었고, 제2차 세계대전 이후에는 세계경제의 성장을 촉진하며 공산주의로부터 자본주의를 지켜낸 방어벽 역할도 해주었다. 하지만 네덜란드인들의 유산 탓인지 앞서 말한 대로 대공황의 진앙지가 되어 미국경제를 깊은 나락으로 빠뜨린 적이 있다. 21세기 들어서는 나스닥 폭락, 서브프라임 subprime mortgage 사태, 리먼 브라더스Lehmann Brothers 사태 등 주로 투기가 촉발한 금융위기 등으로 그 방어벽이 외부가 아니라 내부로부터 자꾸 뚫리는 모습을 보여 많은 사람들의 걱정을 자아내고 있다.

게다가 갈수록 빈부격차가 커지는 자본주의의 한계를 상징하는 전 세계적 아이콘이라는 부정적인 이미지도 강한 것이 사실이다. 몇 녀 전에는 '월스트리트를 점령하라Occupy Wall Street'라는 시위가 유행처럼 번진 적도 있다. 실제로 이 금융가에서 활동하는 이들의 탐욕은 수많은 영화, TV 드라마, 소설에서 즐겨 다루는 소재가 되었다. 그러나 좀 더 냉정하게 사실을 들여다보면 이 금융 중심지가 없다면 요즘 미국 및 세계 경제의 새로운 성장동력으로 떠오르는 4차 산업혁명 관련 벤처들이 육성될 토양도 없어진다. 다시 말해 이들 금융가의 탐욕이 모든 사람이 수혜를 볼 경제성장의 씨앗을 키우는 기반인 셈이다. 이 글 처음에 말한 '경제학 교수의 할아버지' 이야기가 세월이 갈수록 더 강한 인상으로 다가오는 이유다.

TELLER

은행의 '텔러'는
'말해주는 사람'이 아니다?

에피소드 1: 노래를 잘 못 부르는 사람을 음치라고 하듯이, 길을 잘 외우지 못해 전에 다녀왔던 목적지도 잘 찾아가지 못하고 헤매는 사람을 '길치'라고 한다. 나는 지독한 길치다. 매일 자동차를 몰고 다니는 집과 직장 사이의 동선은 잘 외우고 있지만, 이를 벗어난 길은 최소한 열 번을 다녀보아야 기억이 날 정도다. 그래서 예전에는 길을 잃어 도로에서 허비한 시간이 참 많았다. 그러나 이제는 초행길도 자신 있게 달려간다. 바로 차에 장착된 내비게이션 시스템 덕분이다. 이 시스템은 여성의 상냥한 목소리로 최단 거리, 최단 시간을 '계산하여' 친절하게 가는 길을 '말해준다'. 시키는 대로 못해도 화도 내지 않고 다시 가장 좋은 길을 '말해준다'. 많은 사람들이 '현명한 여성'이 말해주는 것을 의도적으로 따르지 않았다가, 시간이 훨씬 더 오래 걸렸던 경험이 한 번쯤 있을 것이다. 그래서 인터넷상에서는 이런 말도 회자된다. 세 여자 말을 잘 들으면 후회할 일이 없다. 아내, 어머니 그리고 '내비' 아가씨.

에피소드 2: 미국 유학 시절 경험한 일이다. 한 은행 지점에 계좌를 개설하고 오랫동안 거래하다 보니 창구 근무를 하던 직원과 친해져서 가벼운 농담을 주고받는 사이가 되었다. 하루는 내가 은행 문이 닫히기 직전에 급히 송금할 일이 있어 이 직원에게 찾아갔다. 그런데 이 직원은 다른 업무에 쫓겨 불러도 대답조차 못하는 것이었다. 그녀에게 웃으며 "You are a teller, so you are supposed to tell me(당신은 텔러이니 내게 말할 의무가 있다)."라고 말했더니 그제서야 "Yes. I am a teller, but I am supposed to count first(내가 텔러인 것은 맞는데, 먼저 돈부터 세야 하거든)."라고 응수했다. 당시 이 직원이 자신의 직업에 대해서 정확히 알고 있다는 사실은 그로부터 한참 뒤에야 알게 되었다.

에피소드 2에서 나오듯 은행 창구에 앉아 돈의 출납 업무를 보는 직업의 이름은 '텔러teller'다. '텔tell'라는 영어 단어가 '말하다'는 뜻이니 흔히들 은행의 텔러란 '고객에게 말해주는 사람'이라는 뜻으로 이해한다. 실제로 혹자는 이 직업의 명칭이 전산기기가 없던 시절에 은행에서 고객의 돈을 출납할 때 큰 소리로 고지해주는 데에서 유래되었다고 주장한다. 그런데 사실 '텔러'라는 단어를 제대로 직역하면 '돈 세는 사람'이다. 이는 '텔tell'이라는 단어를 사전에서 찾아보면 '말하다, 알리다, 구별하다' 등에 이어 맨 마지막쯤에 '셈을 하다, 돈 등을 세다'라는 뜻이 나오는데, 은행의 텔러가 바로 이 뜻으로 쓰이기 때문이다. 고대 영어나 영시에서도 이 마지막 뜻으로 쓰이는 예가 많다. 같은 맥락에서 은행에 가면 흔히 볼 수 있는 'ATM Automatic Teller Machine'은 '자동으로 말해주는 기계'가 아니라 '자동으로 돈을 세어주는 기계'가 맞는 번역이다. 그러니 보통은 글자로만 사용법을 안내해주는 ATM 기기 앞에 서서 왜 말로 안내해주지 않느냐고 따질 일은 아닌 것이다. (내 친구들 중에 영어깨나 한다는 몇몇이 ATM에 대고 정말 이러는 것을 보았다.)

그런데 '텔tell'의 어원을 살펴보면 사실 '셈을 하다'라는 뜻이 오늘날 압도적으로 많이 쓰이는 '말하다'라는 뜻보다 훨씬 오래된 것을 알 수 있다. 이 단어의 어원은 고대 영어인 '텔란tellan'인데, 그 뜻은 '계산하다, 셈하다, 숫자를 세다'였다. 이러던 것이 11세기 초부터 '말해주다, 발표하다'로, 12세기경에는 '말해서 알려주다'라는 뜻으로 확장되었다. 결국 현재 이 단어가 가진 의미를 종합해보면 '셈을 해서 말해주다'쯤 될 것 같다. 앞서 말한 내비게이션 시스템처럼.

'텔러'가 돈은 세는 사람의 뜻으로 쓰이기 시작한 것은 중세 영국에 서부터라고 알려져 있다. 당시 영국의 국고 출납을 담당하던 고위 관직의 이름이 '텔러Teller of the Receipt of the Exchequer'였다. 오늘날의 용어로 번역하면 '재무부 국고국 책임자'쯤 되겠다. 참고로 여기 나오는 '엑스첵커 Exchequer'라는 단어는 당시 이 '국고국'에서 징수한 세금을 계산할 때 큰 테이블 위에 '체스chess 판'처럼 가로 세로 줄무늬가 있는 큰 천을 깔고 그 위에서 계산을 한 것에서 유래되었다. 이 눈금은 파운드, 실링 등 돈의 단위를 나타내어 계산을 용이하게 도와주는 기능을 했다고 전해 진다. 이 단어의 어원은 옛 프랑스어 단어 '에시퀴에eschequier'로서, 바로 '체스 판'이라는 뜻이며, 영어에는 14세기 초에 들어왔다. 이 단어는 오늘날에도 영국 재무부의 별명으로 통용되고 있고, 영국 재무부장관의 공식 명칭Chancellor of the Exchequer에도 남아 있다.

12세기 말 리처드Richard 1세 때에는 이 관직을 가진 관료의 수가 10명 이었다가 12세기 초 헨리Henry 3세 때에는 4명으로 그 수가 줄어들었다. 이 관직은 이후에도 4명 체제로 유지되어오다가 1834년 10월에야 폐지 되었다.

요즘에는 우리나라에서도 텔러의 업무를 기계가 대신하는 경향이 더욱 더 짙어지고 있다. 사람들은 이제 PC 뱅킹이나 모바일 뱅킹으로 은행의 출납 업무를 해결하고, 은행 지점에 가서도 창구에 직접 가기보다는 입구에 설치된 ATM 기계를 통해서 은행 일을 보는 경우가 많아지고 있다. 이는 은행들이 텔러 수를 줄이고 지점 수도 줄여가는 추세와 무관치 않다.

그런데 문제는 전통적인 텔러가 주었던 은행의 인간적인 이미지도 같이 줄어들고 있다는 것이다. 몇 년 전만 해도 '창구 여직원의 상냥한 응대는 치열한 비즈니스 현장의 오아시스와 같다', '창구 직원이 친절하면 그 은행에 대한 믿음도 같이 올라간다'라는 이야기를 심심치 않게 듣곤 했는데 말이다. 은행은 아니지만 내가 한때 근무했던 증권사 지점의 출납 직원 중 여직원 하나는 상당한 미모를 가진 데다 항상 웃으며 친절하게 손님에게 말을 건넸다. 그 여직원 앞에는 항상 손님의 줄이 길게 늘어서 있었다. 옆 창구 앞의 줄이 비어 있어도 마찬가지였다. 지점 내에서는 다들 그 여직원의 미모에 끌려 그렇다고 했다. 그런데 몇 달 후 미모가 더 출중한(?) '미스 ○○○' 출신의 여직원이 발령받아 와서 그 여직원 옆 창구에 앉았다. 지점 직원들은 이번에는 고객의 줄이 분산될 것이라 기대했다. 처음에는 그런 현상도 나타났으나 며칠이 지나자 다시 예전처럼 그 여직원 앞에만 줄을 길게 늘어섰다. 한 직원이 몇몇 고객을 붙잡고 이유를 물어보니, 새 여직원은 너무 '사무적'으로 고객을 대한다는 답이 돌아왔단다. 사람들은 정말로 텔러가 '돈을 세는 사람'보다는 상냥하게 '말을 해주는 사람'이길 바랐던 것 같다.

오늘도 나는 은행의 무인 점포 ATM에서 돈을 인출한 뒤, 왠지 허전해진 마음으로 차에 타서, 차 안에서 들려오는 '내비' 아가씨의 목소리에 조금은 위안을 받는다.

RISK

암초에서 유래한 '위험'

우리는 공포에 빠져 울부짖으며 좁은 해협으로 항해해 나아갔다. 왜냐하면 한쪽에는 스킬라Scylla가 누워 있고 다른 한쪽에는 신성한 카리브디스 Charybdis가 무시무시하게 바닷물을 빨아들이고 있었기 때문이다. 그녀가 그 소금물을 다시 내뱉을 때마다 그것은 마치 큰불 위에서 끓어 넘치는 가마솥의 물과 같았다. 그리고 그 물보라는 헤협 양쪽 바위의 맨 위까지 닿고 있었다. 그녀가 다시 물을 빨아들이고 있을 때 우리는 그 물이 온통 소용돌이치고 있는 것을 볼 수 있었다. 그리고 그 물은 바위에 부딪혀 부서질 때마다 귀를 먹게 할 정도의 큰 소리를 냈다. 우리는 진흙과 모래로 온통 새까매진 그 소용돌이의 바닥을 볼 수 있었고, 내 부하들은 겁에 질려 어찌할

바를 모르고 있었다. 그래서 우리는 매 순간이 마지막이 될 것이라 두려워하며 그녀를 바라보고 있었다. 그때였다. 스킬라가 갑자기 우리의 배를 덮쳐 내 부하 중에서 힘과 능력이 가장 뛰어난 여섯 명을 채갔다. 나는 배와 남은 부하들을 동시에 쳐다보고 있었는데도 그들이 내 위로 솟구쳐 들려질 때 허공에서 바둥대는 그들의 손과 발을 볼 수 있었다. 그들은 잡혀가면서 내 이름을 마지막 비명으로 부르고 있었다.

그리스의 호메로스Homeros가 지은 대서사시 『오디세이아Odysseia』 12권에 나오는 이야기다. 트로이전쟁의 영웅인 오디세우스가 10여 년의 귀향길에서 마주친 가장 큰 위기가 묘사되어 있다. 항해 중 노랫소리로 유혹하여 사람을 잡아먹는 괴물인 '세이렌 자매'로부터 힘들게 벗어났더니 이번에는 '스킬라'와 '칼립디스'라는 괴물이 각각 살고 있는 두 바위 절벽 사이를 통과해야만 했다. 스킬라는 머리가 여섯 개 달린 상반신만을 내놓고 지나가는 배의 선원들을 낚아채어 잡아먹으며, 칼립디스는 소용돌이로 지나가는 모든 것을 빨아들인다. 오디세우스는 이 두 '위험' 앞에서 선택을 해야 했다. 둘 모두를 동시에 피할 수 없기 때문이다. 결국 그는 스킬라 쪽을 선택하여 선원 여섯 명이 잡혀가는 희생을 감수하고 위기를 탈출한다.

위험을 뜻하는 영어 단어인 '리스크risk'는 『오디세이아』의 이 장면처럼 암초나 절벽을 뜻하는 그리스인들의 항해 용어였던 '리자rhiza'또는

'리지콘rhizikon'에서 왔다. 본래 뜻은 '뿌리'였고 『오디세이아』에서도 이 뜻으로 쓰였다. 그러나 점점 '절벽, 암초' 등 '바다에서 피하기 힘든 것' 의 총칭으로 발전했다. 그 당시에도 항해 중에 뱃사람들이 높은 파도 보다 더 무서워한 것은 잘 안 보이는 암초였다. 이를 로마인들이 '리시 쿰risicum' 등의 형태로 받아들였고, 여기에서 다시 에스파냐(riesgo), 독일 (rysigo) 이탈리아(risco), 프랑스(risque) 그리고 영국(risk) 등 유럽 각국의 언 어로 전파되었다. 그런데 언제부터인지 이 용어는 '위험'으로 그 뜻이 확 장되어 쓰이기 시작했다.

오늘날 금융시장 및 금융산업에서 가장 많이 사용되는 용어는 '리턴 return(수익률)'과 리스크일 것이다. 20세기 후반에 경제·경영학에서 수많 은 연구가 진행되어 여러 관련 이론이 정립되어왔다. 이 중 일반 사람들 에게도 가장 친숙한 것은 이 둘 사이의 관계에 관한 것으로서 '수익률 과 리스크는 정비례한다'는 이론이다. 이런 이론은 크게 두 종류가 있는 데 '자본자산 가격결정모형Capital Asset Pricing Model, CAPM'과 '차익거래 가격 결정모형Arbitrage Pricing Theory, APT'이 그것이다. CAPM이 APT보다 변수가 적어 실무에 용이하게 적용할 수 있으므로 훨씬 광범위하세 쓰인다.

그런데 여기서 흔히 오해가 생긴다. 기업 안에서도 '하이 리스크-하 이 리턴High Rik-High Return'이라고 하여 고위험을 감수하면 고수익이 저절 로 나온다는 생각이 퍼져 있다. 이는 잘못된 생각이다. '고위험–고수익' 이라는 공식은 '투자자'의 입장에서 만들어진 것으로서 주식이나 어떤

자산에 투자할 때 고위험을 감수하는 대가로 고수익을 '요구'한다는 것이다. 신용이 낮은 고객에게 대출할 때 은행이 고금리를 요구하는 것이 바로 그 예다. 위험 감수에 대한 대가는 통상 '무위험 수익률Risk Free Rate'에다 위험을 감수하는 프리미엄Risk Premium을 얹어서 산정한다. 그리고 이 '무위험 수익률'은 통상적으로 부도 위험이 전혀 없다고 여겨지는 국채 수익률에 사용된다.

그런데 십여 년 전부터 이 '무위험 수익률'에도 문제가 나타나고 있다. 1990년대 말부터 세계 각국에서 '모라토리엄moratorium'이라고 하여 사실상의 국가부도가 현실화되기 시작한 것이다. 그전에는 남미의 일부 국가와 소련을 비롯한 공산권 국가 몇몇을 제외하고는 매우 드문 사례였다. 그런데 베를린장벽 붕괴 등 냉전 종식 이후 세계화가 가속화하면서 개방과 함께 자본의 이동도 자유화되었다. 자본의 이동에 따라 각국의 금융시장이 불안해지는 것은 물론, 심지어는 국가부도 위기에 몰리는 상황도 자주 목격되곤 했다. 특히 아시아의 신흥 경제국가들emerging economies은 처음으로 이런 위기에 몰리기 시작했다. 1990년대 초 섣부른 금융 자유화와 자본시장 개방을 추진했다가, 1990년대 말 외환위기를 당해 IMF로부터 가혹하고도 도를 넘는 여러 요구를 이행한다는 약속하에 구제금융을 받았던 대한민국도 예외가 될 수 없었다.

그러나 10여 년 전 글로벌 금융위기를 겪은 후 이번에는 여러 유럽 국가들이 심심치 않게 재정위기 국가로서 주목의 대상이 되어왔다. 이

것이 이른바 '소버린 리스크sovereign risk(국가 위험)'다. 몇 년 전에는 주로 남유럽 국가들로 이루어진 '피그스PIIGS(포르투갈, 이탈리아, 아일랜드, 그리스, 에스파냐)' 국가들이 재정위기로 유명세를 타더니, 그중 상태가 가장 심각한 그리스가 국가부도 위기에 처했다가 겨우 이를 모면했다. 과도한 수의 공무원 채용, 국력을 넘어서는 복지 지출 등 포퓰리즘 정책이 그 원인으로 지목되었다. 그리스가 EU와 IMF의 채무 연장 조건을 받아들일 수 없다고 버티자, 이 나라가 국가부도와 함께 EU에서 강제 탈퇴당하는 상황을 이르는 '그렉시트Grexit'라는 말이 세계적으로 화제가 되었다. 그리스가 다시 한번 이런 위기에 빠지지 말라는 법이 없으니, '리스크'의 어원이 이 나라에서 탄생했다는 사실이 참 얄궂다는 생각이 든다. 사족을 하나 붙이자. 최근 5년간 국가 부채의 증가 속도가 주요 20개국 G20 중에서 가장 빨랐다고 하는 우리나라에게 그리스를 비롯한 남유럽 국가들의 상황이 언제까지나 정말로 '바다 건너 불'일까? 더구나 새 정부의 정책 방향은 이를 이 속도를 가속화할 것이니만큼 이 '리스크'를 무시하기에는 속이 편치 않다.

파이낸스^{Finance} 는
'빚으로부터의 해방'을 의미?

1960~1970년대는 할리우드 영화가 한국 영화계를 압도하던 시대였다. 흥행에 성공한 몇몇 국산 영화(당시에는 방화라고 불렸음)가 있었으나, 대체로 국산 영화의 전반적인 점유율은 할리우드 영화에 비하면 아주 미미했다. 그 당시 외국 영화라고 하면 보통은 미국 영화를 가리켰다. 그러다가 1970년대 들어 홍콩 영화가 기지개를 켜더니 프랑스 영화도 국내 시장에서 선전하기 시작했다. 프랑스 영화는 할리우드 영화와는 분위기가 조금 달랐고 더 예술성에 있어 보였다. 프랑스 영화가 국내에서 인기를 끌면서 프랑스 배우들도 유명세를 타기 시작했다. 이브 몽탕^{Yves Montand}, 장폴 벨몽도^{Jean-Paul Belmondo}, 알랭 들롱^{Alain Delon} 같은 남자 배

우나 시몬 시뇨레 Simone Signoret, 브리지트 바르도 Brigitte Bardot 카트린 드
뇌브 Catherine Deneuve, 미레유 다르크 Mireille Darc 같은 여배우가 그들이다.
나는 개인적으로 알랭 들롱에 열광하면서 중고등학교 시절을 보냈다.
이 배우는 1960년작인 「태양은 가득히 Plein Soleil」에서 강렬한 인상을 남
긴 후 여러 영화에 출현했으나, 나에게는 1970년작 「볼사리노 Borsalino」
라는 갱단 영화가 오래도록 나의 뇌리에서 떠나지 않았다. 그런데 알랭
들롱의 영화뿐 아니라 프랑스 영화들은 거의 예외 없이 영화의 끝을
알리는 장면에 'FIN'이라는 글자가 나온다.

신약성경 마태복음 18장 23~35절에는 다음과 같은 이야기가 있다.
왕에게 1만 달란트를 빚진 자가 그 돈을 갚을 길이 없자 그 왕은 "네
몸과 네 처자와 네게 있는 모든 것을 다 팔아서 빚을 갚아라"라고 명령
한다. 하지만 왕은 돈이 없어 갚을 길이 없다고 읍소하는 그를 가엾게
여겨 빚을 모두 탕감해준다. 그런데 용서를 받은 그는 자신에게서 훨씬
적은 액수를 빌려간 동료를 만나자 달려들어 멱살을 잡고 돈을 갚으라
고 다그친다. 그 동료가 조금만 기다려달라고 애원하였으나 그는 동료
가 그 돈을 다 갚을 때까지 감옥에 가둔다. 그런데 이 소식을 전해 들
은 왕은 몹시 노하여 그 빚을 다 갚을 때까지 그를 형리에게 넘긴다.

오늘도 나는 스팸 문자를 받았다. 좋은 조건으로 돈을 빌려줄 테니
쓰라는 문자다. 그런 문자의 마지막은 꼭 '○○캐피탈'이나 '○○파이낸

스라고 적혀 있다. '파이낸스Finance'가 사설 대부업체의 대명사처럼 쓰인 지 족히 20년은 되는 것 같다. 1990년대 중반, 당국이 할부금융 등을 취급하는 소비자 금융회사를 허가해주면서 등장한 회사들이 이름에 '파이낸스 회사'라고 붙인 것이 효시가 되었다. 그래서인지 일반인은 파이낸스라는 단어를 그리 긍정적으로 생각하지 않는 것 같다.

파이낸스는 우리말로 '재무'나 '금융'으로 번역된다. 형용사형은 현대 시장경제의 핵심인 금융시장, 즉 '파이낸셜 마켓financial market' 형태로 쓰인다. 그런데 이 단어의 어원은 의외로 '돈'보다는 '끝'과 관련이 있다. 로마 시대에 국경을 의미하는 단어가 '피니스finis'였다. 국경은 그 나라의 땅끝을 의미했으므로, 곧 '끝'을 뜻하는 말로 의미가 확장되었다. 또 인생의 끝인 '죽음'이라는 뜻으로도 쓰였다. 이 단어는 수많은 단어들과 마찬가지로 후세에 여러 언어로 전승되었고, 프랑스어에도 같은 뜻의 단어로 편입되었다. 앞서 언급한 프랑스 영화 마지막 장면의 자막에 등장하는 '핀FIN'에서 볼 수 있듯이.

13세기경 이 단어의 동사형 'finer'에 '~하는 것'이라는 뜻의 접미사 'ance'가 붙어 'finance'라는 단어가 등장했다. 그 뜻은 당연히 '끝내는 것'이었다. '분쟁을 끝내는 것', '응당 해야 할 일을 끝내는 것', '몸값을 갚기' 등과 함께 '빚을 갚는 것'이라는 의미로 발전했다. 15세기경 이 단어가 이 형태 그대로 영어로 편입되었다. 영어에서는 '빚을 갚는 것', '벌금을 내는 것', '세금을 납부하는 것'이라는 뜻으로 정착했다가 1770년경에 드디어 '돈 괸리'라는 의미를 품게 된다. 현대 영어사전을 찾아보면 이 단어는 '돈이나 다른 자산을 관리하는 것'이니, 이즈음에 벌써 의미상 현대 영어와 별 차이가 없을 정도가 되었다.

하지만 이 단어의 기원을 다시 한번 보면 어두운 구석이 있다. 앞에 인용한 성경 내용에서 보듯 중세까지 서양에서는 빚이나 벌금, 세금에 대한 압박이 상당했다. 이를 이행하지 못하면 전 재산은 물론, 자기 가족까지 팔아 갚아야 했기 때문이다. 빚을 갚는 것은 이런 압박으로부터 해방되는 일이었다. 정도의 차이는 있으나 현대의 금융 거래도 마찬가지다. 사업을 크게 하는 나의 친구는 늘 "그놈의 빚은 잠도 안 자고 휴일도 없이 이자가 붙어"라며 푸념하곤 한다. 현대 사회에서도 채무를 불이행하면 신용불량자가 되거나 파산 선고를 해야 하는 등 큰 대가를 치러야 한다.

개인뿐 아니라 기업도 마찬가지다. 그래서 학교에서 가르치는 '재무이론'의 기본은 은행 대출, 회사채, 주식 등 '자본을 대는 사람이 요구하는 수익률', 즉 '요구수익률 required rate of return'을 충족시키는 기법이다. 요구수익률을 충족하지 못하면 주가는 떨어지고, 심지어 기관 투자자를 비롯한 주주들의 반발로 적대적 매수의 먹잇감으로 전락하고 한다. 더구나 채권자들의 요구수익률, 즉 금리와 원금을 못 갚을 경우에는 회사는 파산 지경까지 몰린다. 이럴 경우 '오너' 경영인은 물론이고 전문 경영인도 경영권이나 직장을 잃는 것은 차치하고라도, 우리나라에서는

'코에 걸면 코걸이, 귀에 걸면 귀걸이' 격으로 남용이 심한 듯한 배임죄를 뒤집어쓰고 감옥에 갇히는 경우도 드물지 않다. 그러나 재무이론의 기본인 요구 수익률 충족 기법은 이론일 뿐이고, 실제로 행하기란 여간 어려운 일이 아니다. 그래서 나는 기업인들은 물론 자기 사업을 하는 모든 사람이 정말 존경스럽다.

캐피털은 '가축'이다?

구약성경의 창세기에는 야곱이 장인인 라반Laban의 집에서 머슴을 살면서 장인의 가축 떼를 잘 키워 장인의 재산을 크게 불린 후에 독립을 하겠다고 그간의 '새경'을 요구하는 대목이 나온다.

"오늘 제가 장인의 양떼를 모두 돌아보고 그 가운데서 검은 양 새끼와 얼룩지고 점 있는 염소를 골라내겠습니다. 그것을 삯으로 주십시오. (중략) 야곱은 미루나무와 감복숭아나무와 플라타너스 푸른 가지를 꺾어, 흰 줄무늬가 나게 껍질을 벗겼다. 야곱은 껍질을 벗긴 그 가지들을 물 먹이는 구유 안에 세워놓아 양떼가 와서 그것을 보면서 물을 먹게 했다. 양들은 물을 먹으러 와서 거기에서 교미했다. 양들은 그 나뭇가지들 앞에서 교미하고는 줄무늬가 있거나 얼룩진 새끼를 낳았다. (중략) 이렇게 해서 야곱은 아주 큰 부자가 되었다. 양떼뿐 아니라 남종과 여종, 낙타와 나귀도 많았다."(창세기 30장 29~44절, 공동번역)

얼마 전 나는 미국의 실리콘 밸리에 가볼 기회가 있었다. 조그만 벤처에서 시작해 지금은 그 분야에서 세계적 선두 기업이 된 회사도 방문했다. 이 회사에서 나와 우리 일행을 안내해준 사람은 자기 회사의 가장 큰 자본은 '브레인brain', 즉 '두뇌를 가진 인재'라고 말했다. 그래서인지 머리 좋은 인재들이 일할 수 있는 환경을 만들어주기 위해서 운동시설을 24시간 개방하고 카페도 잘 갖추어놓았다. 또 자율근무제 덕분인지 근무시간 중에도 팀을 이루어 배구 시합을 하는 직원들도 있었다. 이렇듯 최대한의 자율과 휴식 속에서 이들 '브레인'이 창의력을 충분히 발휘하도록 하려는 의도가 돋보였다.

앞 장에서 대부업체의 이름이 '○○파이낸스'와 함께 '○○캐피탈'도 있다고 했다. '캐피털capital'의 어원은 무엇일까? 영어 단어 캐피털의 우리말 뜻은 '자본'이다. 이 단어의 어원은 '머리'라는 뜻의 라틴어 '카풋caput'이다. 형용사형은 '카피탈리스capitalis'인데, 이것이 프랑스어에 '카피탈capital' 형태로 전파되었고, 같은 말로 유럽의 주요 언어에도 전파되었다. 영어에는 13세기 초에 유입되었다는 것이 정설이다. 그 주된 뜻역시 '머리만큼 중요한', '우두머리의'였다. 하지만 영어로 유입되기 전인 11세기부터 이 말은 유럽 여러 나라에서 '자본'을 뜻하는 것으로 그 의미가 확장되어 있었다.

그런데 이 '머리'라는 말이 어떻게 '자본'을 뜻하게 되었는지에 대해서는 두 가지 설이 있다. 첫째는 돈을 꾸어줄 때 원금을 캐피털이라 부른 데에서 비롯되었다는 설이다. 원금은 '머리 돈'으로서 이자를 창출해낸다. 현대에도 '자본'의 사전적 의미가 '새로운 돈을 벌어들이는 밑 자산'인 만큼, 이 머리에 해당하는 원금이 자연스럽게 자본을 의미하게 되었다는 것이다.

둘째는 예로부터 유럽에서는 부의 척도가 한 개인이 얼마나 많은 가축을 소유했느냐였기 때문에 가축의 '머리 수'를 뜻하는 이 단어가 자연스럽게 '자본'을 의미하게 되었다는 주장이다. 이를 뒷받침하는 증거로서 가축 또는 가축 떼를 의미하는 영어 단어인 '캐틀cattle'의 어원도 캐피털의 어원과 같은 '머리수'다. 두 번째 설을 뒷받침하는 또 다른 증거로 제시되는 것이 있다. 현대의 영어 단어 중 돈에 관련된 단어의 상당수가 가축과 관련이 있다는 것이다. 예를 수수료를 뜻하는 '피fee', 달러의 속어인 '벅buck' 그리고 '돈에 관한'이라는 뜻을 가진 '피큐니어리 pecuniary'라는 단어는 모두 '가축'이나 그와 관계된 어원을 갖는다. 내 생각에는 증거가 풍부한 두 번째 설이 더 설득력이 있다.

어쨌든 이 단어에서 지금 세계 거의 모든 나라가 채택한 경제체제의 이름인 '자본주의', 즉 '캐피털리즘capitalism'이 나왔다. 게다가 군사력보다는 자본력이 각국의 국력을 결정하는 시대가 되었다. 자본력이 뒷받

우물 안의 두뇌

침되어야 군사력도 강해지기 때문이다. 그런데 세계적인 경제학자이자 MIT 교수였던 레스터 서로Lester Thurow가 예상한 대로 지금 세계경제의 구조는 '두뇌의 힘에 의존하는 경제brain power-driven economy'가 되었다. 또 자본력은 예전처럼 '자본가'들이 독점하는 것이 아니라 두뇌를 가진 지식노동자들이 나누어 가지는 모습이 나타났다. 이 상황에서 앞으로는 얼마나 많은 '두뇌'를 보유하느냐에 따라 각국의 국력이 결정될 것 같다.

내가 방문한 실리콘 밸리의 회사에는 국적과 인종을 불문하고 세계의 브레인들이 모여 있었다. 중국의 부상 등으로 국제사회에서의 위상이 예전 같지 않은 미국이 아직도 자신감을 보이는 이유는 아마도 두뇌를 끌어들이고 키워내는 힘이 여전히 세계 최고이기 때문으로 보인다. 이런 면에서 캐피털이라는 단어의 어원이 '머리'였다는 것은 로마인들의 뛰어난 선견지명일지도 모르겠다.

우리나라도 한국전쟁 후의 폐허 위에서 오늘날의 번영을 이루게 만든 가장 큰 힘은 양질의 교육을 받은 '휴먼 캐피털human capital'이며, 이를 뒷받침한 것은 부모들의 교육열이라는 평가가 많다. 그러나 요즘 저성장의 늪에서 허우적거리는 한국경제의 모습을 볼 때 '평균적으로 우수한 인재'를 양산하는 기존의 교육 방식은 더 이상 새로운 성장 동력을 만들지 못한다는 생각이 든다. 하지만 역대 정권을 거치면서 교육제도는 학부모들의 사교육비 부담을 줄여준다는 취지 때문인지 갈수록 더 '하향 평준화'를 지향하는 양상이다. 삼성의 이건희 회장은 '21세기는 한 명의 천재가 수만 명을 먹여 살리는 시대'라고 갈파하곤 했는데, 이런 상황에서 이 나라의 미래를 이끌어갈 'S급 천재'가 많이 길러질지 걱정이 된다고 한다면 그것은 나만의 기우일까?

007 제임스 본드의
조상은 노예일까?

에피소드 1: 20세기에 왕성하게 작품 활동을 한 영국의 작가 서머싯 몸 Somerset Maugham의 여러 작품은 우리나라에서도 번역되어 큰 인기를 누렸다. 양성애자 또는 동성애자였던 그는 이력도 여러 면에서 특이한데, 양성애자이자 의사 출신인 것은 차치하더라도, 아버지가 프랑스 대사관에서 근무한 탓에 프랑스에서 태어나 열 살까지 그곳에서 자랐다. 자연히 그는 모국어인 영어 대신 프랑스어에 익숙했다. 그래서 영어를 기초부터 배운 그의 문장은 영문법에 딱딱 맞아떨어지는 '모범'이었다. 영어를 공부하는 우리나라 학생들은 그의 작품을 교재로 삼기도 했다. 지금 생각하면 유치하지만, 나도 고등학교 시절 그의 대표작으로 꼽히는 소설 『인간의 굴레Of Human Bondage』를 원서로 탐독하는 것을 큰 자부심으로 삼은 적이 있다. 장애를 가진 주인공인 필립 캐리의 영적 성장 과정을 다룬 소설인데, 그 소설 서문 제목에 쓴 '굴레', 즉 '본디지Bondage'라는 단어를 철학자 스피노자Baruch Spinoza의 「에티카Ethica」에서 따왔다고 했다. 스피노자는 이 '굴레'를 '사람이 자기 감정을 통제할 수 없어 자기 자신의 주인이 아닌' 상태로 묘사했다. 자전적 소설로 알려진 이 작품과 마찬가지로 실제로 서머싯 몸 작가 자신도 내면세계가 그리 '정상'은 아니어서 끊임없이 감정의 '굴레'에 메여 있었던 탓인지, 자신의 '4분의 1이 정상이고 4분의 3은 비정상'인 것 같다고 언급한 바 있었다고 한다.

에피소드 2: 히틀러는, '게르만 혼의 상징'으로 열렬히 숭배한 19세기 독일의 대표적인 작곡가인 리하르트 바그너Richard Wagner의 음악을 나치즘의 선전도구로 쓰곤 했다. 하지만 생전에 바그너는 '수입의 몇 배를 써대는' 낭비벽이 있어 항상 빚에 쪼들리고 빚쟁이에 쫓겨다녔다. 그래서인지 1849년 그가 살던 드레스덴에서 민중봉기가 일어났을 때 그는 '혁명을 촉구하는' 격문을 쓰면서 왕정을 처부수고 화폐를 폐지하라고 주장했다. 후세 사가들은 이는 사실 '화폐를 폐지하면 모든 빚도 소멸될 것'이라는 속내를 담은 것이라고 평가했다. 하지만 이 봉기는 실패했고, 그는 스위스로 도망가서 이후 10년 넘게 고국 땅을 밟지 못했다.

에피소드 3: 유명한 스파이 영화 「007」의 주인공 이름은 제임스 본드 James Bond다. 영미권의 성씨는 스미스 Smith(대장장이)처럼 상당수가 직업에서 비롯되었는데 '본드'라는 성은 영주에게 예속된 농노農奴에서 유래되었다고 한다. 사실상 노예인 것이다. 실제로 '본드 bond'라는 단어를 사전에서 찾아보면 '유대관계' 이외에도 '굴레', '구속', '농노'라는 뜻도 나온다. 멋있는 스파이 이미지와는 달리 시쳇말로 '확 깨는' 이름인 것이다. 이 단어는 앞에 언급된 '본디지 bondage'와는 뜻이 같거나 유사한 단어다.

바그너가 목숨 걸고 벗어나고자 했던 빚은 동서양을 막론하고 그만큼 질기고 예전에는 채무자가 사망해도 자손에게 상속되기까지 했다. 빚을 뜻하는 대표적인 영어 단어는 '데트 debt'다. 어원은 라틴어 '데비툼 debitum'이다. '빚을 진'이라는 뜻인데, 이것이 프랑스어 'dete'로 바뀌면서 'b' 발음이 빠졌고, 13세기경에는 이 상태(dette)로 영어에도 들어왔다. 그런데 14세기 들어 그 표기가 라틴어 원전에 충실한 방향으로 고쳐지면서 오늘날과 같은 형태 'debt'로 정착되었다. 그러나 여전히 'b' 발음은 하지 않는데, 이를 '뎁트'라고 읽어 망신을 당하는 사람이 왕왕 있다.

그런데 이런 빚의 대표적인 증서는 채권債券이다. 영어로는 '본드 bond' 로서 국내에서도 '아리랑 본드', '양키 본드' 등으로 많이 친숙해진 단어다. 이 단어의 어원은 토종 영어인 '반드 band'이며 그 뜻은 '묶는 것'이다. 이것이 빚의 증서가 된 연유는 자명해 보인다. 불과 몇 세대 전만 해도 빚을 갚지 못하면 '채무'가 '굴레'처럼 따라다니고 마침내는 자기 처자식까지도 팔아서 갚아야 그 '굴레'에서 벗어날 수 있었기 때문이다. 이렇게 해도 못 갚으면 채권자의 노예가 되는 수밖에 없었다. 이런 의미에서 '빚'의 증서인 '본드'는 잠재적인 노예 문서였던 것이다. 그 결과 지금도 '빚'은 '좋지 않은 것'이라는 인식이 보편화된 것 같다.

모디글리아니-밀러 이론 Modigliani-Miller Theorem과 같은 현대의 재무이론에서는 '빚을 쓰면 쓸수록 기업 가치가 올라간다'는 주장도 있다. 부채를 쓰면 세무당국에서 이자비용을 세전이익에서 차감하여 법인세를 덜 섞어가고 그만큼 주주에게 귀속되는 현금이 많아지기 때문이다. 이렇듯 빚은 무조건 나쁘거나 기피할 것만은 아니다. 그러나 과한 것은 분명히 문제가 된다. 국내 가계부채 규모는 2017년 말에 1,450조 원을 돌파했고, 기업 대출 규모는 2017년 말에 1,050조 원을 돌파했다. 정부 발표에 따르면 국가채무는 2017년 말 660조 7,000억으로 예상되고, GDP 대비 비중도 2000년대 초반의 10퍼센트대에서 40퍼센트 가까이까지 급증했다. 그러나 이 액수도 1986년 IMF 기준에 따른 것으로서, 다른 나라처럼 2001년 IMF 기준을 적용해서 비영리 공공기관과 비금융 공기업 부채를 합산하면 1,000조 원을 넘어선다. 과연 '트리플 1,000조 빚debt' 클럽의 나라가 된 형국이다. 이것이 가계, 기업, 국가의 무거운 '굴레bond'가 되지 않으려면 어떻게 하면 될까? 묘수를 찾는 정책 당국자들의 한숨이 갈수록 깊어가는 모습이다.

MORTGAGE

모기지^{Mortgage} 는 죽어도 갚겠다는 '죽음의 맹세'?

에피소드 1: 미국 역사의 한 장면. 1804년 7월 11일 이른 아침이었다. 맨해튼에서 허드슨강 건너에 위치한 뉴저지주 위호켄Weehawken이란 곳에서 전직 재무부 장관이자 언론인으로 활동하던 알렉산더 해밀턴Alexander Hamilton과, 미합중국 부통령이었던 아론 버Aaron Burr가 권총 결투를 벌인다. 정적이었던 두 사람은 1791년 아론 버가 해밀턴의 장인이자 현역 의원이었던 필립 스카일러Phillip Schuyler를 이기고 상원의원에 당선된 뒤부터 사사건건 부딪쳐왔다. 감정의 골이 너무 깊어진 상태에서 버가 뉴욕 주지사에 출마할 당시 언론인이었던 해밀턴이 그를 인신공격까지 하며 맹공하는 바람에 버는 선거에서 패하고 말았다. 이렇게 두 사람의 갈등은 결국 1804년 권총 결투로 이어졌다. 중앙은행 설립 등 미국 역사에 큰 족적을 남긴 해밀턴은 이 결투에서 총알 한 발을 맞고 사망했다. 해밀턴은 살의가 없어 공중에다 총을 쏘았는데 버는 정조준해서 쏘았기 때문이다. 당시 뉴욕주와 뉴저지주는 결투를 법으로 금지하고 있었다. 아론 버는 결투 이후 수배를 받고 쫓기는 신세가 되었으며, 살의가 없는 상대방을 쏘아 죽였다는 비난 여론이 크게 일면서 정치생명이 완전히 끝나버렸다.

서양에서는 이렇듯 결투를, 두 사람 사이에 '명예의 문제'가 관건이되있을 때 결판을 내는 수단으로 오랫동안 사용했었다. 총이 발명되기전에는 칼로 승부로 내었는데, 이런 결투는 한때 유럽에서 크게 유행했다. 이 시기를 배경으로 하는 할리우드 영화를 보면 결투를 신청하는측에서 상대방의 뺨을 '장갑'으로 때리는 장면이 자주 나오곤 했다. 그런데 실제로는 상대방을 향해 '장갑'을 던지고 상대방이 이를 집어 들면결투가 성립되는 것이 일반적이었다고 한다.

에피소드 2: 잘 알려진 그리스 신화의 한 토막. 모든 신의 왕 제우스Zeus는 기억의 여신 므네모시네Mnemosyne와 아흐레 동안 동침을 하고 9명의 무사이Mousai를 낳았다. 이들 '버금신'은 신 및 인간 세상의 온갖 예술을 담당했는데, 이 중 막내 칼리오페Calliope는 현악기와 서사시를 맡았다. 이 여인은 음악의 신 아폴론Apollo과 사랑에 빠져 오르페우스Orpheus라는 아들을 낳았다. 부모의 재능을 물려받은 덕분에 그는 음악의 신인 아버지도 인정할 정도로 노래를 기가 막히게 잘 불렀다. 그는 커서 매우 아름다운 여인 에우리디케Eurydice와 사랑에 빠져 결혼했다. 그러나 불행은 곧 찾아왔다. 결혼한 지 얼마 되지 않은 어느 날, 이 여인은 친구들과 산책에 나섰다가 아리스타이오스Aristaeus라는 목동의 눈에 띄었고, 그녀에게 한눈에 반한 목동이 쫓아오는 바람에 그를 피해 숲속으로 뛰어들었다가 그만 뱀에 물려 절명했다. 아내의 죽음에 비통함에 빠진 오르페우스는 아버지의 조언에 따라 죽은 아내를 찾아오려고 저승으로 내려갔다. 그는 노래로 지옥 관문을 지키는 케르베루스Cerberus라는 무시무시한 개를 포함하여 수문장들을 감동시켰고, 결국에는 저승의 왕까지 감복시켜 아내를 이승으로 데리고 가도 좋다는 허락을 얻어냈다. 그러나 저승의 왕 하데스Hades는 이승에 이를 때까지 절대 아내의 모습을 돌아보아서는 안 된다는 단서를 달았다. 하지만 아내가 몹시 보고 싶었던 오르페우스는 이 약속을 '지키지 못해' 에우리디케는 다시 저승으로 떨어졌다.

모기지Mortgage 대출 제도는 이제 우리나라에서도 일반화되었다. 모기지라는 단어를 영한사전에서 찾아보면 '저당', '저당권'이라는 뜻이다. 미국에서는 모기지 대출 또는 모기지라는 말 자체가 보통은 '주택담보 장기대출'의 의미로 쓰이는 것처럼 국내에서도 이 뜻 그대로 쓰인다. 이 단어의 어원은 한 단어나 한 언어가 아니다. 13세기경에 프랑스어에서는 '모르가쥐morgage'라는 말이 생겼는데 이것이 14세기경에 이 형태 그대로 영어로 도입되었다. 원래 이 프랑스어 단어는 '모르mort'와 '가쥐gage'의 합성어로서 전자는 '죽은, 죽음'을 뜻하는 라틴어인 '모르투스mortuus'가 어원이며, 후자는 '맹세, 저당'을 뜻하는 프랑스어 및 영어의 고유 단어. 특히 후자의 단어는 두 남자 중에서 결투를 신청하는 쪽에서 그 의사표시로 상대방 앞에다 내던지는 장갑을 의미하기도 했다. 즉 '죽음을 불사하겠다는' 뜻이다. 영어로 들어온 이 단어는 언제부터인지 다시 라틴어 어원이 반영되어 다시 철자만은 't'가 회복되었다. 이렇듯 어원으로 본 '모기지'란 '죽은 저당dead pledge'이라는 뜻이며 언뜻 보기엔 정말로 '죽음'과 관련이 있어 보인다.

그런데 이 단어에 왜 죽음을 뜻하는 어원이 들어가게 되었는지는 몇몇 설이 있다. 첫째는 내가 유학 시절 교수 한 분에게 들었던 이야기다. 그는 수업시간에 이 단어의 어원을 설명하면서 보통은 30년 만기인 장기대출을 갚느라 '죽을mort 때까지 매여engage' 있기 때문이라고 했다. 물론 농담이다. 그러나 이것을 정설로 믿는 미국인들을 여럿 보았다.

둘째는 채무자 입장에서 약속된 기한 내에 원금과 이자를 모두 갚으면 담보로 내놓은 자기 재산에 대한 채권자의 저당권이 소멸, 곧 '죽기' 때문에 이런 이름이 붙여졌다는 주장이다.

세 번째 설을 보자. 중세 영국과 프랑스의 법에서 채무자가 담보로 내놓은 재산에서 발생하는 수익은 일반적으로 모두 채권자의 몫이었다. 이 경우 원금이 갚아지는 것도 아니고, 기한 내에 꾼 돈을 갚지 못하면 그 재산의 소유권은 채권자에게 넘어갔다. 담보로 내놓은 재산은 이렇듯 채무자에겐 재산으로서의 기능도 못하는 데다 여차하면 남에게 넘어가는 것이어서 사실상 '죽은 저당물'이 되었기 때문이라는 주장이다. 실제로 당시에 담보로 내놓은 재산에서 발생하는 수익이 채무자의 원금을 갚는 데 쓰이는 대출 계약의 경우는 프랑스어로 '비프 가쥐 vif gage'라고 불렸다. 채무자를 위해서 '살아 있는 저당물'이라는 말이다.

내 생각에는 둘째, 셋째 설 모두 정설로 보인다. 아내를 지옥에서 빼내오는 오르페우스처럼 상환 약속을 지키면 그 재산은 '가사假死' 상태에서 벗어나 채무자에게 살아 돌아오지만 그렇지 못하면 '죽은' 것이 되는 것은 매한가지이기 때문이다.

요즘 국내에서는 전세도 집값도 너무 올랐다. 오랫동안 지속된 저금리에다 최근 몇 차례의 금리 인하가 가세한 결과다. 전세금이 폭등하다 보니 차라리 빚을 내, 집을 사겠다는 사람도 많아졌다. 그래서 만기가 긴 모기지론도 갈수록 그 수요가 늘어나는 추세라고 한다. 하지만 집값이 워낙 높다 보니 저리임에도 다달이 갚아나가야 할 금액도 너무 많아 가계에 부담을 주고 있다. 결국 금리 인하가 오히려 소비 위축을 촉진하는 모습이다. 더 나아가 이러다간 많은 가계가 정말로 '죽을 때까지 매어 있게' 되거나, 현대판 오르페우스가 되지 않을까 우려된다.

MORATORIUM

모라토리엄과 BJR

1997년 11월 말경에 나는 한 증권사의 리서치센터장으로 일하고 있었는데, 갑자기 같은 그룹에 속한 경제연구소로 발령이 나서 자리를 옮기게 되었다. 당시 나라 전체가 외화 유동성 부족으로 '국가부도'를 목전에 두고 있어 한국 정부는 IMF에 구제금융을 신청했다. 그룹 차원에서 이에 대비하기 위해 경제연구소에 'IMF 태스크 포스task force'팀이 만들어졌고, 이 조직의 팀장이 필요했기 때문이다.

그런데 IMF는 구제금융의 조건으로 한국의 입장에서 도저히 받아들이기 힘든 요구를 제시했다. 당시 IMF에서 온 협상팀이 내가 일하는 연구소를 방문해서 연구원들의 의견을 청취하는 자리를 가졌는데, 그

때 나는 두 번 놀랐다. 첫째는 그들의 연령대였다. 열 명이 넘는 그 팀의 평균 나이가 팀장급을 제외하고는 거의 20대 후반에서 30대 초반이었다. 학부나 대학원을 갓 졸업한 그들과 대화를 해보니 전혀 전문성이 엿보이지 않았다. 둘째는 IMF가 구제금융의 전제조건으로 요구한 고금리가 한국의 특수 상황과 전혀 맞지 않는다는 우리 연구원들의 지적에 대한 그들의 대답이었다. IMF가 고금리 정책을 요구하는 이유는 고금리로 새로운 외국자본을 유인하거나 기존에 들어와 있는 외국자본이 나가지 못하도록 한다는 것이었다. 이에 대해서 우리 연구원들은 전통적으로 부채 비율이 높은 한국 기업들의 특성상 고금리가 이들의 대량 파산을 촉발하고, 이것이 다시 국내 은행들의 건전성을 더 크게 떨어뜨려 이들에게 돈을 꿔주었던 외국자본들의 회수를 오히려 더 촉진할 것이라고 지적했다. 이런 지적에 궁색한 변명을 하며 당황한 기색이 역력했던 이들이 내놓은 최종 답변은 "우리는 우리 교과서대로 일합니다 We play by our textbook"였다.

결국 그해 12월 초 한국 정부는 IMF에 백기를 들 수밖에 없었고 IMF의 요구 사항은 실행되기 시작했다. 그러나 예상대로 외자는 더욱 급속히 빠져나갔고 주식 및 환율 시장은 안정되기는커녕 연일 최저, 최고를 갱신하며 불안의 늪으로 더욱 깊숙이 빠져들어갔다. 이에 나와 팀원들은 연거푸 밤을 새며 여러 관련 보고서를 작성했는데 그중 하나가 한국 정부가 대외적으로 '모라토리엄Moratorium'을 선언할 가능성에 관한 보고서였다. 하지만 크리스마스 직전 미국까지 가세해서 지원 규모가 늘어난 덕택에 국가부도는 막았다. 이 과정에서 미국도 평소 한국에 대한 시장개방 요구사항들을 관철시키는 잇속을 챙겨 후에 많은 비난을 받은 것도 사실이다.

그러나 그 대가는 혹독했다. 30퍼센트가 넘는 초고금리로 그렇지 않아도 수익성이 이미 나빠진 기업과 금융기관들이 연쇄도산을 겪어야 했다. 1998년 하반기 들어 이런 사태에 놀란 IMF도 금리인하를 용인하여 시장금리는 연말 한 자릿수까지 떨어졌다. 그럼에도 교통사고처럼 고금리의 충격은 한순간이었지만 후유증이 계속 이어졌다. 결국 1999년 7월 대우그룹이 '워크아웃'에 들어가면서 70조가 넘는 부채를 짊어진 채 사실상 파산 상태에 이르렀다.

그 결과 참으로 어수선한 가운데 숫자 네 자리가 모두 바뀌는 해 2000년이 시작되었다. 당시 나는 그 경제연구소에서 금융실장과 글로벌연구실장을 겸직하고 있었는데, 연초에 외국 증권사 국내 지점이 어느 국제적인 투자회사의 펀드매니저를 데리고 나를 찾아왔다. 한국 경제와 금융시장에 대한 설명을 듣더니 대우 사태에서 대해서 질문을 던졌다. 내 답변을 들은 그는 대우가 한국 정부와 마찬가지로 'BJR'을 선언했다고 말했다. 처음 듣는 말이라 무슨 뜻이냐고 물었더니 같이 온 한국인 직원이 '배째라'의 약자라면서, 대우가 국제 금융시장에 소개한 용어로 알려져 있다고 했다. 그 펀드매니저는 한 술 더 떠 이 용어는 국제적인 금융정보서비스망에도 나온다고 덧붙였다. 이들의 태도가 참예의 없다고 느껴 다시는 찾아오지 말라고 하면서 돌려보냈지만 뒷맛은 오랫동안 씁쓸했다.

'모라토리엄'이라는 말의 어원은 여타 금융 용어처럼 라틴어다. 라틴어 단어 '모라mora'는 '연기, 지연, 잠시 멈춤'이라는 뜻을 가진 명사인데, 이 말의 파생어인 '모라토리우스moratorius(미루는 성향이 있는)'가 그 어원이다. 영어에는 19세기 후반 법률 용어로 도입되었다고 한다. 당시는 '채무자가 빚에 대한 이자나 원금의 지급을 연기할 수 있도록 당국이 허락해주는 것'이라는 뜻으로 쓰였고, 사전에 따르면 1930년대 초부터 오늘날과 같은 '지불 연기, 일시적인 지불 정지'라는 의미로 통용되기 시작했다.

역사적으로도 여러 국가가 자기 채무에 대해서 '디폴트default', 즉 부도不渡를 냈다. 예를 들어 필리페Phillipe 2세가 다스리는 에스파냐는 16세기 후반 네 번이나 부도를 냈으며, 1800년부터 최근(2014년까지) 여러 국가가 대외채무에 대해서 180회 이상의 부도를 기록했다. 저명한 신용평가회사인 무디스Moody's의 한 보고서("Sovereign Defaults and Interference: Perspectives on Government Risks," 2008)에 따르면 1960년 이후에도 47개의 국가가 국가채무에 대해서 부도를 냈고, 이 중 몇 나라는 민간 부문의 대외채무에 대해서 모라토리엄도 병행했다. 참고로 디폴트의 어원은 옛 프랑스어 단어인 '드포트defaute'로서 이 말도 라틴어 '데팔리타defallita'

에서 유래되었다. 모두 '실패, 모자람'이라는 뜻이다. 주로 가난한 중소 국가들이 대부분인 이들 나라 목록에 구 소련, 러시아가 두 번이나 포함된 점이 특이하다. 채무자가 부도를 내거나 부도 낼 가능성을 가지고 채권자들의 채무조정을 압박하는 패턴은 나를 방문했던 무례한 외국 펀드매니저가 말한 BJR과 그리 다르지 않은 것은 사실이다.

그런데 이 BJR은 지금 전 세계 제1국가의 대통령이 된 트럼프가 예전에 자기 회사의 부채에 대해서 여러 번 썼던 전술이다. 그의 회사들은 네 번이나 파산 보호를 신청했고, 이후 큰 폭의 채무 변제를 받곤 했던 것이다. 물론 그만큼 채권자들은 손해를 감수해야 했다. 대통령이 되기 전 그는 한 인터뷰에서 "부채는 항상 내게 흥미로운 것이었다. (중략) 경기가 좋을 때는 그냥 갚으면 되고 경기가 나빠지면 그 부채를 크게 할인할 수 있어서다."라는 말도 했다. 미국의 막대한 국가부채를 향후 8년 안에 '해결'하겠다는 그가 미국의 국가부채를 과거와 같은 방식으로 처리할까 봐 세계는 그의 행보에서 불안한 눈초리를 거두지 못하고 있다.

FEDERAL RESERVE BOARD

미국 중앙은행의 이름에 '은행' 대신 '위원회'가 들어간 이유는?

전 세계 중앙은행 중에서 그 공식 명칭에 '뱅크', 즉 은행이라는 단어가 들어가지 않는 것은 어디일까? 아마도 미국의 중앙은행이 유일할 것이다. 잘 알려져 있다시피 이 나라 중앙은행의 공식 명칭은 '페더럴 리저브 보드Federal Reserve Board', 즉 '연방지불준비금위원회 또는 연방지불준비금이사회'로 우리나라에서는 흔히 연방준비은행, 미美연준 정도로 번역되어 불리고 있다.

'연방聯邦의' 뜻을 가진 '페더럴federal'이라는 단어의 어원은 '계약, 조약, 제휴'라는 뜻의 라틴어 '포에두스foedus'다. 이 단어는 나중에 프랑스어에 들어와 '페데랄fédéral'이 되었고, 영어에는 17세기 중반 '하느님과 인간 간의 계약'을 의미하는 신학神學 용어로서 도입되었다. 이것이 18세기 초부터 '각 나라 간 합의에 의해서 형성된', 즉 '연방의'라는 뜻으로 쓰이기 시작했다. '지불준비금'의 뜻으로 쓰인 '리저브reserve'라는 단어의 어원 역시 '따로 보관하다, 간수하다, 따로 남겨 두다'는 뜻의 라틴어 '레세르바레reservare'다. 이것도 프랑스어 단어 '리제르브rserve'를 거쳐, 영어에는 같은 뜻을 가지고 17세기 초에 들어왔다. '보드board'의 어원은 '널빤지'라는 뜻의 순수 옛 영어 '보드bord'다. 이후 '탁자table'로 의미가 넓어진 후 16세 후반부터는 '회의가 열리는 탁자'로, 17세기 초에는 '주요 인사들 간의 협의체', 18세기에는 오늘날과 같이 '이사회, 위원회board of directors'라는 의미로 쓰이기 시작했다.

그런데 현재의 미국 중앙은행이 설립된 시기는 1913년이다. 하지만 이전에 '은행'이라는 이름이 들어간 중앙은행이 두 개나 존재했었다. 미국의 첫 번째 중앙은행은 1791년 당시 재무부 장관 알렉산더 해밀턴Alexader Hamilton의 주도로 설립된 '합중국은행Bank of United States'이다. 그러나 이 은행은 20년이라는 인가 기간을 채운 뒤, 의회가 인가 갱신을 거부하면서 그 수명을 다했다.

그러나 1816년에는 영국과 전쟁을 치르면서 막대한 전비 조달이 문제가 되자 이를 해결할 목적으로 두 번째 '합중국은행'이 의회의 승인을 얻어 설립되었다. 이 은행도 역시 20년의 인가 기간을 채운 뒤 이번에는 당시 앤드루 잭슨Andrew Jackson 대통령이 폐쇄시켰다. 잭슨 대통령은 큰 문서 사기로 전 재산을 날려 증서 등을 지극히 싫어한 나머지, 증서의 일종인 화폐를 만들어내는 기관은 존재할 이유가 없다며 이런 결정을 내렸다고 한다. 그리고 중앙은행의 존립이 두 번이나 실패한 좀 더 근본적인 이유는 미국 '건국의 아버지'이자 연방정부에 권력이 집중되는 것을 극도로 경계한 토머스 제퍼슨Thomas Jefferson의 영향이기도 하다. 권력 집중은 독재로 흐를 가능성이 크다고 믿은 그의 정치사상이 미국 정계에서 큰 줄기를 형성하고 있었던 것이다. 이는 오늘날까지도 이어지는 정치사상이기도 하다.

이후 미국은 오랫동안 중앙은행의 부재로 여러 번의 금융위기가 터질 때마다 경제 전체가 속수무책으로 타격을 입곤 했다. 이 빈 자리를 JP 모건 같은 민간 금융기관이 근근이 메워나갔지만 근본적인 해결책이 아니었다. 이에 중앙은행 설립하자는 주장, 예를 들어 20세기 초 독일에서 이민 온 폴 와버그Paul Warbug라는 유대인 금융가가 독일의 중앙은행 시스템을 본따 중앙은행을 설립하자는 주장 등은 정치권에서 간단히 묵살되었다. 제퍼슨의 사상대로 '일부 자본가Money Trust'에 돈이 집중되는 것은 매우 위험한 일로 받아들여졌기 때문이다. 하지만 1907년 심각한 금융위기가 다시 이 나라를 덮친 이후 정치권에서도 와버그의 주장을 심각하게 받아 들이기 시작했다.

하지만 오랜 논의에도 결론이 잘 나지 않았다. 이러던 중에 1912년 금융시스템 개혁의 필요성을 절감하는 위드로 윌슨Woodrow Wilson이 대통령에 당선되었다. 이에 파커 글래스Parker Glass라는 하원의원과 헨리 월리스Henry Willis라는 학자가 중앙은행 설립에 관한 제안서를 새 대통령에게 제출했다. 그 안은 제퍼슨 신봉자들을 의식한 탓인지 하나의 절충안으로 20여 개 지역에 지역별로 은행들을 맡아 중앙은행 역할을 할 '지불준비' 은행 즉 '분권형 중앙은행'을 설립하자는 것이었다. 이를 받아본 윌슨 대통령은 이들 은행의 행장들이 위원(이사)이 되어 각 은행 간의 조정을 담당할 위원회(이사회)Board of Governors 하나를 만들면 좋겠다는 의견을 주었고, 이를 반영한 최종 법안이 의회를 통과하면서, 드디어 1913년 12월 23일 오늘날과 같은 시스템이 만들어진 것이다. 이것이 바로 미국의 중앙은행이 그 이름에 은행이라는 용어를 담지 못하게 된 이유다.

그러나 이 새로운 중앙은행 시스템은 초기에는 잘 작동되지 못했다. 예를 들어 1920년대 말 대공황이 닥칠 무렵 이 중앙은행은 오히려 돈줄을 죄어 공황의 촉매제 역할을 하기도 했다. 물론 이후 경제학이 발전하고 통화와 실물경제 간의 관계가 규명되면서 이 중앙은행은 이후 100년 가까이 미국경제의 안정적인 성장과 물가 안정에 크게 기여해왔다. 1980년대 초에 당시 의장이던 폴 볼커Paul Volcker가 1970년대 내내 미국경제를 괴롭히던 인플레이션 문제를 통화량 자체를 통제함으로써 잡아내어 1990년대의 '신경제'라 불리는 장기호황의 기틀을 마련한 것이 그 대표적인 예일 것이다.

주목할 만한 점은 위에 언급된 와버그가 초대 의장을 맡은 이후 미 연준의 수장을 맡은 15명 중 8명이 유대인이라는 사실이다. 특히 1979 년 임명된 볼커부터 그린스펀Alan Greenspan, 버냉키Ben Bernanke를 거쳐 직 전 의장인 옐런Janet Yellen까지 네 명이 모두 유대인이다. 그래서인지 유 학 시절 만난 나의 유대인 친구는 미연준의 힘이 바로 월가 및 전 세계 금융계를 장악하고 있는 유대자본의 협력에서 나온다고 자랑한 적이 있다.

과연 지난 수십 년간 미연준의 힘은 미국은 물론 세계경제에 막강 한 영향력을 행사해왔다. 지금도 금리 인상을 시사하면 세계 증시가 요 동치는 등 그 힘은 여전히 세다. 하지만 그 힘의 크기는 예전만은 못한 것 같다. 2008년 리먼브러더스 사태 이래 미연준은 전례 없는 '양적 완 화'를 세 차례나 실시하는 등 최대, 최장의 통화팽창 정책을 써왔다. 하 지만 경제 회복은 한없이 더디기만 했다. 2015년에야 경제가 회복할 기 미를 보이자 미연준은 그간의 '초장기' 통화팽창 정책이 가져올 부작용 을 우려하여 직접적인 유동성 공급을 중단하고 출구전략을 시작했다. 하지만 마약을 끊자 금단현상으로 괴로워하는 마약중독자처럼 미국경 제는 아직도 불안한 모습을 자주 보이며 오로지 미약한 회복세를 이어 가고 있다. 나의 친구 말대로라면 이는 유대자본의 협력이나 힘의 크기 가 예전 같지 않아서일까?

실제로 일본, 중국 등 외국자본이 미국 국채의 반 정도를 보유하는 등 자본시장에서 외국의 힘이 세지는 만큼 상대적으로 유대자본의 힘은 줄어들었다. 2017년 11월 초 트럼프 대통령이 정말 오랜만에 미연준의 새 의장으로 제롬 파월Jerome Powell이라는 비非유대인을 지명한 것도 이와 관련이 있지 않을까? 어쨌든 사상 최저로 금리를 낮추어도 경기가 좀처럼 확 살아나지 않는 한국은 물론 미국조차 중앙은행 노릇 해먹기 참 어려운 세상이다.

4부

증권·투자 이야기

BULL & BEAR

황소와 곰이 싸우는 자본시장

주식시장에서 향후 주가의 향방을 긍정적으로 보는 사람은 '불Bull', 즉 '황소'라고 칭하고 어둡게 보는 사람을 '베어Bear', 즉 '곰'이라고 부른다. 이의 연장선상으로 주가가 힘 있게 상승하는 활황장을 '불 마켓', 그 반대는 '베어 마켓'이라고 한다. 그리고 향후 경기를 낙관하는 이코노미스트들의 전망을 '불리시Bullish', 그 반대는 '베어리시Bearish'하다고 부르는 등 이 두 동물의 표현이 증시를 넘어 쓰이는 데다 그 형용사형까지 사용되기도 한다. 게다가 이 용어들은 세계적으로 같은 뜻으로 쓰이고 있다. 자본시장의 후발 주자인 중국에서조차 불 마켓과 베어 마켓을 각각 '뉴스牛市(소시장)'와 '슝스熊市(곰시장)'라고 한다.

이렇듯 여러 동물 중에서 하필 이 두 동물이 주식시장의 장세를 표현하는 단어들로 선택되었는지에 관해서는 여러 설이 있다. 두 동물의 공격 방식, 즉 소는 뿔을 위로 치받고 곰은 앞발을 아래로 내리치며 공격하는 모습에서 유래되었다는 것도 그중 하나이다. 하지만 이보다 정설로 인정받는 것은 다음과 같다.

 18세기 초 보스톤을 비롯한 미국 동부에서는 사냥꾼들이 잡아온 야생 곰 가죽 시장이 크게 성행했다. 여느 시장과 마찬가지로 이 시장도 매일마다 가죽값이 오르락내리락 움직였다. 이 시장에서 매도하는 주체는 주로 전문 사냥꾼들이었는데 이 중 일부 영리한 거래자들은 가죽값이 최고에 달했다고 판단되면 일단 공매도, 즉 수중에 가진 곰 가죽이 없어도 파는 계약에 참여했다. 자기들의 매도 시점 이후 가격이 떨어질 것으로 믿었기 때문이다. 그리고 나서 매수자에게 곧 가죽을 주겠다고 약속한 다음, 산으로 가서 곰을 사냥하여 약속한 날짜에 매수자에게 가져다주었다. 시장을 부정적으로 보는 이들에게 곧 '베어 스킨Bear Skin', 즉 '곰 가죽'이라는 별명이 붙었고, 후에 이 말이 축약되어 베어가 되었다.

 '불', 즉 황소의 상징도 19세기 중반 미국에서 만들어졌다. 미국의 중부지방의 한 지역신문이 곰과 달리 주가나 시장을 긍정적으로 보는 사람을 무엇이라 부를까 고민한 끝에 착안한 것이다. 곰과 대치되는 동물을 황소로 선정한 이유에는 성적性的인 함의가 있다고 한다. 황소의 영어 단어인 '불 Bull'은 남성 고환의 영어 단어인 '볼 Ball'과 어원이 같다. 황소 자체가 가지는 의미는 남성의 성기가 발기하는 모습을 상징하는데, 주가가 솟구치는 모습을 빗댄 것이다.

이 동물들의 상징성 탓인지 각국의 주요 증권거래소 앞에는 대부분 황소와 곰이 싸우는 동상이 있고, 보통 황소가 곰을 이기는 형상이어서 증시가 활황을 거듭되길 바라는 염원이 표현되고 있다. 그래서 아예 황소상만 있는 증권거래소도 많다. 이 중 가장 유명한 동상은 뉴욕의 '돌진하는 황소 Charging Bull'일 것이다. 이 동상은 현재 맨해튼의 금융 중심지 월스트리트 근처 볼링그린 Bowling Green이라는 시역에 서 있는데, 한 해 수백만의 관광객이 찾고 있다. 이 동상은 원래 1989년 이탈리아 출신인 아르투로 디 모디카 Arturo Di Modica라는 조각가가 자기 돈 36만 달러를 들여 만들어 1989년 말 뉴욕증권거래소 앞에 몰래 가져다놓은 것이다. 그는 이를 1987년의 '블랙 먼데이 Black Monday'에 주가 폭락의 충격을 겪은 사람들을 위로하기 위한 것이라 주장했다. 황소는 증시의 활황을 상징하기 때문이다. 뉴욕경찰은 즉각 이를 불법 설치물로 규정하여 치웠지만 이를 비난하는 여론에 몰려 현재의 위치에 이 동상을 가져다놓았다. 하지만 만지면 투자의 행운이 온다는 미신 때문에 이 동상은 끊임없는 사람의 손길에 시달려왔다. 특히 이 동상의 '성징性徵'에 손길이 집중되고 있으니 원래 이 동물이 활황장의 상징으로 선택된 것과 무관치 않아 보인다.

2010년 5월 15일 상하이에서 과거 금융 중심지였던 와이탄外灘 지역에 뉴욕 황소상의 쌍둥이 동상이 세워졌다. 마찬가지로 조각가 디 모디카가 상하이 시市로부터 주문을 받아 제작한 것이다. 물론 뉴욕의 동상과 약간의 차이는 있다. 동상의 색깔은 뉴욕의 것에 비해 중국인들이 좋아하는 붉은 색이 더 강하게 들어가 있고 꼬리는 더 위로 치솟은 채로 꼬여 말려 있다. 그리고 뿔을 내밀고 돌진하는 방향이 서로 반대이다. 원래는 뉴욕 것보다 두 배 크기로 주문했으나 그가 거절하여 같은 크기로 만들었다고 한다. 단, 작가가 상하이 시의 요구에 대한 절충안으로서 꼬리를 더 세웠다는 설도 있으나 그 진위는 확실치 않다. 그러나 뉴욕의 '이란성 쌍둥이'와 마찬가지로 관광객들의 손길은 이 황소의 성징에 집중되었고, 그 부분은 반들반들해졌다. 중국 당국은 2020년까지 상하이를 아시아 최고의 금융센터로 만들겠다고 공언해왔는데, 뉴욕 것보다 훨씬 큰 사이즈를 주문한 것은 뉴욕을 제치고 세계 최고를 달성하겠다는 속내를 보인 것이다. 세계경제의 두 축인 미국과 중국 간의 경쟁이 이제는 한낱 동물의 동상을 두고도 상징화되는 모습이다.

요즘 우리나라 증시도 '불 마켓'이다. 사상 최고치를 여러 번 갱신하는 가운데 오랜만에 증권사 직원들의 얼굴에 미소가 피어난다. 언론의 보도대로 반도체, 철강 등 주력 제품의 수출 호조와 더불어, 2017년 초의 탄핵정국이 마무리되어 정치적 불확실성이 사라졌고, 새 정부에 대한 기대감도 크게 작용한 것으로 보인다. 재테크 수단으로서 유난히

부동산에 경도된 우리 국민들을 이번 기회에 증시로 더 끌어올 수 있을 것이라는 긍정적인 보도도 잇따른다.

　그러나 그동안 증시에 대한 국민의 관심이 상대적으로 적었던 것은 그간의 '학습곡선'에 기인했다는 점은 주목해볼 만하다. 지난 20여 년간 증시의 활황, 즉 '불 마켓'은 대부분 애초부터 실제 가치를 훨씬 넘어서는 '거품'이었거나, 활황을 틈타 '공짜 돈'을 주식시장에서 조달하려는 상장사들의 대규모 유상증자로 '주당 순이익'이 희석되어 큰 '베어 마켓'이 뒤따르곤 했다. 후자의 문제는 원래가 '적대적 인수 hostile takeover'가 사실상 금지되어 경영권을 방어할 필요가 없었던 시절의 일이다. 이제는 '주식'이 매우 '비싼' 자금임을 거의 모든 회사가 알고 있어 예전에 비해 무분별한 증자는 크게 줄어든 모습이라 크게 문제가 되지 않는다. 그러나 전자의 문제는 지금도 문제가 된다. 삼성전자 등 일부 리딩 기업들을 제외하면 대부분 기업들의 수익성이 오히려 나빠지는 양상을 보이기 때문이다. 새 정부의 정책으로 최저임금이 계속 올라가면 수익성 저하 현상은 더욱 심화될 것이라는 우려도 있다. 하지만 요즘의 '황소'는 제발 '곰'에 지지 않았으면 하는 바람은 내 개인적으로도 절실하다. 은퇴가 몇 년 안 남은 내가 기대한 것 하나는 몇 년 후부터 받을 국민연금인데, 국민연금 기금의 주 운용 대상인 우리 주식시장이 잘 되어야 연금도 문제 없이 잘 나올 것 아니겠는가?

서류가방이 유가증권 모음으로
둔갑한 이유는?

우리나라 가요계의 대부 송창식과 윤형주는 1960년대 말 '트윈 폴리오Twin Folio'라는 그룹을 만들어 주옥 같은 노래를 많이 불렀다. 이 남성 듀엣 그룹은 원래는 트리오로 출발했다. 1967년 11월에 '세시봉 C'est Si Bon'이라는 무교동의 한 음악감상실에서 이 감상실의 이선권 사장의 주선으로 윤형주, 이익근, 송창식을 멤버로 결성된 '세시봉 트리오C'est Si Bon Trio'가 그 원형이다. 본격적으로 활동한 지 얼마 되지 않아 멤버 중 하나인 이익근이 군에 입대하는 통에 1968년 2월 윤형주와 송창식은 듀엣으로 변신하면서 이름도 듀엣을 암시하는 '트윈twin'이 들어가는 것으로 바뀌었다. 이들의 데뷔 음반은 1968년 말 성음제작소에서 나온 「흘러간 외국가요 추억의 히트송 12집」이다. 이는 여러 가수가 외국의 히트곡을 번안한 일종의 컴필레이션compilation 음반으로서 트윈 폴리오의 곡은 여기에 단 한 곡만을 실려 있다. 그 후 이 그룹은 큰 인기를 누렸지만 윤형주의 학업 때문에 1969년 12월 해체를 발표했다.

비록 활동 기간은 짧았지만 이들의 노래는 당시 초등학생이던 나도 무척 좋아했다. 1970년대 중반 고등학생이 되어 영어에 재미를 붙이게 된 나는 어느 날 문득 트인 폴리오를 떠올렸고, 영어의 뜻이 궁금해졌다. '트윈'은 '한 쌍의'라는 뜻을 이미 알고 있어, '폴리오folio'를 사전에서 찾아보니 악보나 책 등의 '한 장', 묶이지 않은 서류 한 장 등을 의미한다고 되어 있었다. 그래서 당시 나는 이 그룹 이름이 아마도 '마주 보는 악보 두 장'쯤을 뜻할 것이라고 생각했다. 이후 영문과에 진학하여 영어를 좀 더 깊게 접하고 보니 이 단어의 어원이 나뭇잎이라는 것도 알게 되었다. 실제로 나뭇잎을 뜻하는 영어 단어는 '폴리지foliage'로서 폴리오와 비슷하다.

그런데 대학 시절에 '폴리오'가 들어간 영어 단어가 또 있다는 것을 알게 되었다. 바로 '포트폴리오portfolio'다. 미대생들이 가지고 다니는 '작품집'을 그렇게 부른다는 것이다. 보통은 검은 가죽 가방처럼 생긴 것이었는데, 이것을 열면 앨범처럼 자신의 작품을 한 장씩 넘겨 볼 수 있는 형태였다. 나는 또 사전을 찾아보았다. 영문학 전공자로서 그런 단어도 모른다는 것을 창피해하면서 말이다. 사전에서 맨 윗줄에 나오는 뜻은 '서류가방'이었다. '작품집'이라는 뜻과 함께 '직분'이라는 의미도 실려 있었다. 실제로 이 단어의 어원은 이탈리아어 '포르타폴리오 portafoglio'인데, '나르다'라는 뜻의 '포르타porta'와 '낱장, 나뭇잎'을 뜻하는 '포글리오foglio'가 결합되어 만들어졌다. 이 단어가 18세기 초에 영어로 편입되며 오늘날의 형태가 되었다.

그런데 내가 대학을 졸업하고 경영대학원에 진학해 '재무' 과목을 수강하면서 이 단어를 수없이 만나게 되었다. 과연 이 단어가 가장 많이 쓰이는 곳은 정작 미술이나 건축과 큰 관련이 없어 보이는 금융업계일 것이다. 투자이론의 기초인 '분산투자diversification'에서 가장 많이 언급되는 용어이기도 하다. 금융업계에서 포트폴리오란 투자 대상이 되는 여러 종류의 주식이나 채권들을 모아놓은 것, 즉 '투자 대상의 집합'을 뜻하는 말이다. 서류가방이나 작품집을 뜻하는 말이 오늘날 금융업계의 상용어가 된 연유는 무엇일까?

이 말이 이런 뜻으로 쓰이게 된 것은 1930년대로, 그리 먼 과거의 일이 아니다. 당시 미국 뉴욕에서는 매일 유가증권 시장의 거래가 끝나고, 증권을 산 사람들이 대금을 지불하면 증권을 판 사람들로부터 증권을 직접 받아다가 이를 산 사람들에게 전달하는 심부름꾼들이 따로 있었다. 물론 이들은 여러 사람 소유의 증권을 동시 운반해야 되기 때문에 이들 증권이 서로 섞이지 않게 하기 위해서, 안에 칸막이가 되어 있는 가죽가방을 가지고 다녔다. 당연히 여러 가지 증권이 모여 있는 이 가방은 원래 뜻대로 포트폴리오라고 불렸다. 이즈음 그 의미가 여러 증권이 모여 있는 투자대상의 집합이란 뜻까지 확장된 것이 오늘날까지도 이어지게 된 것이다.

재무이론에서는 여러 가지 주식과 채권 등으로 포트폴리오를 만들어 투자하면 투자 위험을 최소화할 수 있고, 같은 위험 수준에서는 수익률을 최고로 높일 수 있다고 가르친다. 이런 면에서 모든 상장주식을 망라한 주가지수는 이상적인 포트폴리오일 것이다. 이제는 개인이 일일이 주식을 사서 모을 필요 없이 주가지수 등에 투자하는 펀드 등이 증권사에서 팔리고 있어 포트폴리오 이론에 맞는 '간접투자'가 일반화되었다.

미국 등 여러 선진국에서는 오래전부터 연기금 등이 주식을 직접 사 모아 주가지수에 연동하는 포트폴리오를 만들거나 증권사가 판매하는 관련 상품에 투자하는 방식으로 장기투자를 해왔으며 그 수익률도 좋았다. 이와 관련하여 재무이론에서는 '에퀴티 퍼즐Equity Puzzle'이라는 것이 증권시장의 한 '이상한 현상anomaly'으로 거론되어왔다. 20세기 초부터 지금까지 주가지수에 투자했다면 같은 기간 채권지수에 투자한 것보다 두 투자 방법 간 '위험'의 크기 차이를 감안해도 훨씬 수익률이 좋았다는 것이다.

그런데 우리나라에서는 지난 30여 년 동안 주가지수가 2배 반도 못 올랐다. 같은 기간 뉴욕 증시의 다우존스 지수Dow Jones Industrial Average

가 10배가량 오른 것에 비해서는 너무 초라한 성적이다. 위험분산 여부는 차치하더라도 수익률이 그리 좋지 않았던 것이다. 그 원인이 무엇인지 곱씹어 생각해볼 일이다.

BLUE CHIP

우량주의 별명이
카지노와 연관이 된 이유는?

2003년 초에 「올인」이라는 총 24부작 드라마가 방영되어, 한때 47.7퍼센트라는 엄청난 시청률을 기록하기도 했다. 프로 바둑기사이자 라스베이거스에서 프로 갬블러로 '잘나갔던' 실존 인물의 인생 여정을 각색한 드라마였다. 이 드라마 도입부에는 도박장을 의미하는 '하우스house'가 나오고, 주인공이 본격적으로 활약하는 극 중반부터는 '카지노casino'가 자주 나온다. 국내에서 도박을 다룬 장르로서 유명세를 탄 것에는 만화도 있다. 2000년부터 약 7년간 허영만 화백이 그린 만화 『타짜』가 총 4부로 출간되어 큰 인기를 끌었다. 그중 1부 '지리산 작두'와 2부 '신의 손'은 나중에 영화로 만들어져서 이 역시 흥행에 성공했다. 이 만화는 '토종답게' 화투를 치는 꾼들의 이야기를 다루었는데, 여기서는 '하우스'가 자주 나온다. 그런데 이 '하우스'나 '카지노'의 원래 뜻은 둘 다 '집'이다. 조금 더 정확하게 이야기하자면 '카지노'는 이탈리아어로 '작은 집'을 의미하며 집을 지칭하는 '카사casa'에서 파생된 말이다. 이 단어가 오늘날처럼 도박과 연관이 지어지기 시작한 것은 19세기 초쯤으로 원 뜻은 '귀족의 노름을 위한 집'이었다고 한다.

이 '카지노'라는 말이 우리에게도 친숙해진 계기는 1960년대 후반부터 외국인 전용 카지노 도입을 허용하는 정책일 것이다. 당시 여러 신문이 이를 큰 사건으로 보도했기 때문이다. 지난 2000년 '내국인'도 출입할 수 있는 카지노가 폐광 지역인 정선에 문을 열었고 한 해 이용객수만 수백만 명에 달해 이후 '카지노'는 전 국민에게 친숙한 용어가 되었다. 그런데 이 '카지노' 하면 자연스럽게 떠오르는 것은 이 도박장의 화폐인 '칩chip'이 아닌가 싶다. 카지노와 칩은 떼려야 뗄 수 없는 '실과 바늘' 같은 존재다.

영국의 이언 플레밍Ian Fleming이라는 소설가는 1953년 그의 첫 번째 소설 『카지노 로열Casino Royale』을 출간하고 제임스 본드라는 캐릭터를 탄생시킨다. 그는 이 '007 시리즈'를 단편 2개를 포함하여 총 12편으로 출간했다. 그 소설들은 거의 영화로 만들어졌는데 제임스 본드의 탄생 배경을 담은 그의 첫 번째 소설은 어찌 된 영문인지 2000년대 들어서야 영화로 만들어졌다. 2006년 개봉한 이「007 카지노 로열」이라는 영화에서는 주인공 제임스 본드가 카지노에서 활약하는 모습이 나온다.

그는 몬테네그로의 카지노에서 거액을 마련하여 테러 자금으로 쓰려는 악당을 저지하기 위해 같이 도박판에 앉았다. 하지만 그는 막판까지 큰돈을 잃고 있었다. 그런데 '텍사스 홀덤Texas hold'em'이라는 포커 게임에서 최후의 베팅으로 악당의 돈을 모두 딴다. 이 도박 참가자들은 모두 현금 대신에 동그랗거나 네모난 '칩'을 들고 있는데 그중 가장 높은 액수인 100만 달러가 적혀 있는 칩의 색깔은 '파란색', 즉 '블루칩Blue Chip'이다. 이렇듯 카지노에서 현금 대신 칩을 쓰는 이유는 도난을 방지하고, 현금보다 계산이 쉬워 베팅betting이 쉽다는 점 때문이라 한다.

그런데 주식시장에서 우량주의 별칭도 블루칩이다. 뉴욕증권거래소 홈페이지에서 나오는 블루칩의 정의는 '수익의 질, 신뢰성 그리고 호경기, 불경기에 관계없이 이익을 낼 수 있는 능력 면에서 전국적으로 명성이 나 있는 회사의 주식'이라 되어 있다. 이 밖에도 주가가 지난 몇 년간 해마다 몇 퍼센트씩 올랐다거나, 배당을 오랜 기간 매년 지급했다는 식의 기준으로 블루칩을 정의하기도 한다.

이 카지노 용어가 언제부터 주식시장에 들어와서 쓰였을까? 1990년대 초 나는 국내의 한 경제신문에서, 우량 가축 콘테스트에서 우승한 소의 잔등에 푸른 천을 씌워주었던 데에서 이 용어가 비롯되었다는 기사를 보고 실소한 적이 있었다. 사실과 거리가 멀었기 때문이다. 정설은 이렇다. 1924년은 몇 년 후에 대공황이 닥칠 줄은 꿈에도 모른 채

뉴욕증시가 활황을 거듭하고 있던 시절이었다. 그해 어느 날 증시 정보 제공업체인 '다우존스Dow Jones'에서 일하던 올리버 깅골드Oliver Gingold라는 리포터가 한 증권사에서 주식 시세를 체크하던 중에 몇몇 주식이 주당 200달러가 넘는 가격으로 거래되는 것을 보고 흥미를 느낀다. 그가 주위 사람에게 회사에 들어가 그런 '블루칩' 주식들에 관해서 기사를 쓰겠다고 말한 데에서 이 용어가 비롯되었다고 한다. 당시 카지노에서는 하얀색 칩이 개당 1달러, 빨간색 칩이 개당 5달러인 데 비해 파란색 칩은 개당 25달러의 가치로 통용되고 있었다. 깅골드가 이런 표현을 쓴 것은 '블루'칩이 가장 낮은 가치의 칩에 비해 25배가량 높은 가치가 있음에 착안한 것으로 보인다.

당시 파란색에 가장 높은 가치가 매겨진 것은 영어에서 '블루 블러드blue blood'가 '귀족의 혈통'을 의미하는 것처럼 서양에서 이 색깔이 왕가나 귀족을 상징하기 때문으로 추정된다. 그러나 오늘날 미국의 주요 카지노마다 칩의 색깔과 가치가 모두 제각각이어서 파란색이 가장 최고의 가치를 지닌 칩이 아닌 경우가 많다. 하지만 지금도 블루칩이 우량주의 대명사로서 쓰이는 것은 변함이 없다.

그런데 지난 2000년대에 미국의 블루칩을 위협하는 이른바 '레드칩Red Chip'의 시대가 오는 듯했다. 레드칩은 1990년대 초부터 홍콩증시에 상장되어 거래되던 우량 중국 공기업들의 주식을 가리키는 말이다. 이는 아마도 붉은색은 길하고 귀하다는 이유로 중국인들이 좋아하는 색

미국은
'블루칩'

중국은
'레드칩'

우리나라엔 **색동칩**이 많았으면 좋겠다

이고, 지금 정권을 잡고 있는 중국공산당의 공식 색상이기 때문에 그렇다고 한다. 그런데 한 신문 기사(『글로벌이코노믹』, 2017. 6. 18. 차이나워치 54)는 중국인들이 붉은색을 좋아하는 이유가 한고조漢高祖 유방에서 비롯되었다고 선언하고 있다. 유방은 한나라를 세우고 자신의 미천한 출신 성분을 지우고 정통성을 확보하고자 '치우蚩尤' 천황에게 제사를 지내고 북과 깃발을 피로 붉게 칠했다. 그러고는 스스로를 '붉은 황제의 아들'이라고 주장했는데, 그 뒤부터 붉은색이 황실의 색이 되었다는 주장이다. 그렇다면 '붉은색'은 서양의 '파란색'에 해당되는 셈이므로, '레드칩'이라는 조어가 참 어울린다는 생각이 든다. 이 주식들의 가치는 2000년대 후반까지 무서운 속도로 상승하여 조만간 세계적으로 블루칩을 대신하는 '초우량주'의 대명사가 될 것이라는 전망이 줄을 이었다. 하지만 몇 년 전에 급등 후 다시 쭉 빠지는 모습을 보이는 등 아직은 시기상조라는 것이 대체적인 평이다.

그런데 우리나라에서 미국 기준으로 블루칩에 해당하는 주식은 몇 개나 될까? 삼성전자 외 손가락에 꼽을 정도일 것이다. 중국 우량주식이 '레드칩'이라 불린다면 이런 주식은 무엇이라 불러야 할까? 개인적으로 '색동칩'이라 부르면 좋겠다는 생각이다. 색동은 그 옛날 북방에서 살 때부터 우리 민족 고유의 문양과 색깔이다. 앞으로 국내 증시에도 이런 색동칩이 정말 많아졌으면 하는 바람이다.

INVESTMENT

투자란 '돈에게 일을 시키는 것'이다

신약성경의 마태복음에는 '게으른 종'에 관한 구절이 나온다. 어느 사람이 여행을 떠나며 세 명의 종에게 각기 능력에 따라 각각 다섯 달란트, 두 달란트, 한 달란트씩을 맡겼다. 이 주인이 장기간의 여행에서 돌아오니 다섯 달란트와 두 달란트를 받은 종들은 모두 배로 불려 주인에게 바쳤으나 한 달란트를 받은 종은 이 돈을 땅에 묻었다가 주인에게 원금 그대로를 돌려주었다. 이에 주인은 앞의 두 종은 크게 칭찬한 반면 마지막 종에게는 '돈놀이'를 해서라도 원금을 불리지 않은 것을 크게 꾸짖으며 내쫓는다.

이 성경 구절은 오래전부터 사람들이 '투자'에 대한 개념을 잘 이해하고 있음을 시사한다. 실제로 기원전 18세기경에 바빌로니아의 함무라비 법전에 투자에 대한 개념과 관련 법규가 규정되어 있었을 정도로 투자는 오래된 역사를 가지고 있다. '투자'의 사전적 정의는 '더 많은 수익을 얻기를 기대하고 돈이나 자산을 투입하는 것'이다. 실제로 '투자投資'의 한자도 '재물을 던져놓는 것'이라는 뜻을 가지고 있으니 이는 원금보다 더 많은 수익을 벌어들일 것이라는 기대를 전제로 한다.

그런데 '투자'와 '투자하다'를 뜻하는 영어 단어인 '인베스트먼트 investment'와 '인베스트 invest'의 어원은 무엇일까? 현대의 금융시장에서 아마도 가장 많이 쓰이는 단어 다섯 개를 고르라면 꼭 선택될 이 말의 어원은 '안으로'라는 뜻의 'in'과 '옷'을 뜻하는 '베스티스vestis'의 합성어인 라틴어 '인베스티오investio(고대의 발음은 인웨스티오)'다. 즉 '옷을 입히다'라는 뜻인데 이것이 이탈리아어 investire, 프랑스어 investir 등을 거쳐 영어에는 14세기 말에 유입되었다는 것이 정설이다. 그런데 이즈음 이 단어는 그 의미가 '관복을 입히다'에서 '관직에 임명하다', '권한을 위임하다'라는 뜻으로 확장되어 있었다.

이 단어는 드디어 17세기 초부터 오늘날과 같은 뜻인 '돈이나 자산을 더 많은 수익을 나올 곳에 넣는 것'이라는 뜻으로도 쓰이기 시작했다. 물론 이는 이 단어의 원래 뜻에서 유추되어 '돈'에게 또 다른 '돈'을 벌어오도록 위임한다는 의미에서 비롯된 것이다. 18세기부터는 아예 이 단어의 주된 뜻이 이것으로 바뀌었다.

그런데 '벼'와 '피'의 관계처럼 이 단어와 비슷한 듯하지만 비하의 의미로 쓰이는 단어가 하나 있다. 바로 '투기投機'다. 국어사전을 찾아보면 그 뜻이 '기회를 틈타 큰 이익을 보려고 함'이나 '시세 변동을 예상하여 차익을 얻기 위하여 하는 매매 거래'로 나온다. 이 단어에 해당하는 영어 단어는 '스페큘레이션speculation'이다. 이 단어의 사전적 의미도 국어사전에 나온 뜻처럼 '시세 등락을 예상하고 과다한 이익을 볼 목적으로 과다한 위험을 안고 매매하는 행위'다. 이 단어의 어원은 라틴어 '스페쿨라티오speculation'인데, 그 뜻은 '관찰, 면밀히 쳐다보기'다. 이 단어는 프랑스어에 '스페쿨라시옹speculacion'의 형태로 도입되었다가 영어에는 14세기 말에 도입되었다. 그 뜻은 '숙고, 관찰'이었다. 16세기에 '추측, 짐작'으로 그 뜻이 추가되었으며, 18세기 후반 드디어 '투기'라는 뜻도 가지게 되었다.

'투기'의 어원이 '면밀히', 조금 과장된 표현을 쓰자면 '뚫어지게 쳐다보기'라는 뜻을 가지고 있다는 사실은 흥미롭다. 투기를 하려면 정말로 시세를 항상 뚫어지게 쳐다보아야 할 것이기 때문이다. 이와 관련하여 내가 들은 일화가 있다. 오래전에 미국의 라스베이거스를 단체관광으로 가본 일이 있는데, 그 당시 관광 가이드가 LA에서 라스베이거스로 가는 버스 안에서 한국 사람과 중국 사람의 차이에 대해서 다음과 같은 이야기를 해주었다.

이 가이드는 단체관광객이 없을 때에는 인근의 교포들을 모아 금요일 저녁 LA를 출발해 라스베이거스로 갔다가 토요일 오후 이 사람들을 데리고 LA로 돌아오는 버스의 인솔자로 일한다고 했다. 그런데 한 번은 버스가 반밖에 차지 않아 고민하던 차에, 평소 알고 지내던 중국인 가이드에게 전화를 했더니 똑같은 처지라는 답이 왔단다. 결국 비용절감을 위해 버스 두 대를 한 대로 줄여 두 그룹이 합석하기로 합의한 다음, 버스의 왼편은 한국인, 오른편은 중국인으로 앉혀 출발했다. 라스베이거스로 가는 도중 중국인들은 계속 웃고 수다를 떨었으나 한국인들은 전쟁터에 나가는 병사들처럼 한마디도 하지 않고 '비장한' 표정을 짓고 있었다고 한다. 하룻밤이 지나 이 사람들을 다시 태워 LA로 향할 때, 중국인들은 역시나 말짱한 얼굴에 계속 웃고 먹고 수다를 떨었으나, 한국인들은 모두 '충혈된' 눈을 하고 타자마자 고개를 숙이고 잠을 청하더란다. 중국인들은 어느 정도 '놀다'가 호텔방에 가서 자고 나왔는데 한국인들 대부분은 밤새 몰두했던 것이다. 도중에 중국인들이 수다를 멈추지 않자 두 그룹 사이에 말싸움이 일어났고 서로 멱살을 잡는 험악한 상황도 벌어져 두 가이드가 말리느라 진땀을 뺐다. 이후 그 중국인 가이드가 자기에게, 중국인들은 갬블링gambling을 즐기는데 한국인들은 '목숨을 거는betting their life' 것 같다고 말했단다.

이 사례를 일반화할 수는 없겠으나 아마 오랜 도박 문화의 전통이 있는 중국인들과 달리 한국 사람들은 정말 어원대로 '뚫어지게 지켜보며' '투기'를 한 것이다.

그런데 투기와 투자를 나누는 기준은 그리 명확하지 않다. 예를 들어 투기의 정의에 나오는 '과다한' 수익과 이익이라는 것이 얼마 이상이 과다하느냐를 누구도 쉽게 정의할 수 없기 때문이다. 개인적으로는 차라리 그 행위가 사회 전체의 이익에 반하여, 도덕적으로 비난을 받을 소지가 크냐, 작냐로 판단하는 것이 나아 보인다. 이런 의미에서 최근 집값 앙등의 주범 중 하나라 꼽히는 '갭 투자', 즉 집을 담보로 대출을 받고 이를 다른 집 구입에 사용하는 행위는 명백히 투기로 보인다.

우리나라에서도 금융계에서는 이 영어 단어나 그 명사형인 '인베스트 먼트'라는 단어가 널리 쓰이고 있다. 또 이 단어를 그대로 '투자'로 번역하여 쓰는 예도 많다. 그중 한 예가 '투자은행'일 것이다. 이는 영어의 '인베스트먼트 뱅크'를 번역하여 쓰는 말인데 국내 증권사들 중 상당수는 '월드 클래스 투자은행'이 되겠다고 광고하거나, 회사 이름에 '○○투자증권'이라고 넣는다.

실제로 2017년 11월 당국은 '한국판 골드만 삭스Goldman Sachs'라 불리는 초대형 투자은행 5개를 선정해주었다. 자기자본 4조 원 이상인 한국투자증권, 미래에셋대우, NH투자증권, KB증권, 삼성증권이 그들이다. 정식 명칭은 '종합금융투자사업자'라고 한다는데 사실상의 수신 기능인 발행어음 업무를 포함하여 자산운용업 등 증권업 전반을 모두 할 수 있는 '종합증권사'를 지향하는 듯하다. 그런데 이 '투자은행'의 기원을 보면 당국이나 국내 증권사들이 이 말을 오해하고 있지 않나 싶은 생각이 든다.

1932년 대공황 중에 수천 개의 은행이 파산하자 미국 의회는 '글래스-스티걸 법Glass-Steagall Act'을 통과시킨다. 이 법에 따라 기존 '은행'들은 '상업은행 commercial bank'이나 '투자은행 investment bank' 중 하나의 면허를 택해야 했다. '투자은행'이라는 말은 이 당시 미국 의회가 만든 신조어였다. 기업의 1년 미만의 단기자금 수요는 상업은행이 대출로 충족시키고, 1년 이상의 장기자금 수요는 투자은행이 기업의 채권, 주식 발행을 도와주어 충족시키라는 취지였다. 이는 국내 증권사들이 주력하는 매매 중개나 펀드 판매와는 분명히 거리가 있고, 특히나 당국이 생각하는 '종합증권사'와는 상이하다. 실제로 미국에서는 골드만 삭스와 같이 인수underwriting, M&A 중개 등 도매금융을 주로 하는 증권사는 '투자은행'으로, 피합병 전의 메릴 린치Merrill Lynch 같은 '종합증권사'는 '브로커리지 펌Brokerage Firm'으로 부른다.

요즘 많은 기업에서 구조조정을 위한 장기자금 수요가 높다. '투자은행'이 되겠다거나 그 이름에 '투자'가 들어 있는 증권사들은 그 이름의 의미를 제대로 이해하고 그에 맞는 소임을 다하고 있을까?

SHORT-SELLING

쇼트셀링의 뜻은 '공즉시색'?

『반야심경般若心經』은 불교신자들 사이에서 널리 암송되는 경전이다. 대승불교의 핵심인 반야사상般若思想의 요체를 260자로 요약한 것으로서 원래 이름은 '마하반야바라밀다심경摩訶般若波羅蜜多心經'이다. '반야'란 산스크리트어語 '프루지나prajna'를 음역한 것으로, 국어사전을 찾아보면 '만물의 참다운 실상을 깨닫고 불법을 꿰뚫는 지혜'라고 나온다. 이는 인간이 도달할 수 있는 최고 수준의 지혜를 일컫는 것 같다. 경전의 내용은 깊으나 그 양은 짧은 탓인지 독실한 불교신자인 나의 친구는 고등학교 시절부터 이 경전 전체를 내 앞에서 외워 보이곤 했다. 이 경전의 한 구절은 다음과 같다.

사리자 색불이공 공불이색 색즉시공 공즉시색 수상행식 역부여시

舍利子 色不異空 空不異色 色卽是空 空卽是色 受想行識 亦復如是

석가모니의 10대 제자 중 가장 뛰어난 '사리자'에 들려주는 형식의 이 구문의 해석은 여러 풀이를 종합하면 다음과 같다.

사리자여! 실체가 있는 것(色)은 실체가 없는 것(空)과 다르지 않고, 실체가 없는 것(空)은 실체가 있는 것(色)과 다르지 않다. 실체가 있는 것(色)은 곧 실체가 없는 것(空)이요, 실세가 없는 것(空)은 곧 실체가 있는 것(色)이다. 느낌, 생각, 행동, 인식도 역시 그렇다.

영어 단어 하나에 여러 뜻이 있는 경우가 많다. '쇼트short'라는 단어도 예외가 아니다. '짧은'이라는 뜻 이외에도 '키가 작은', '돈 등이 부족한', '부족한, ~이 없는'이라는 의미가 뒤따라온다. 관련된 일화 하나를 들어보자. 할리우드의 유명한 배우 미키 루니Mickey Rooney는 키가 157센티미터로, 서양인 기준으로는 매우 작았다. 그는 몇 년 전 94세로 천수를 다하고 세상을 떠나기 직전까지 현역으로 활동하는 노익장을 과시했다. 물론 이런 정력이 결혼생활에도 반영된 탓이지 아홉 번이나 결혼했으나 단 한 번 사별을 했을 뿐, 나머지는 모두 이혼으로 결혼생활을 마감했다. 하지만 지칠 줄 모르고 결혼하고 이혼하는 통에 위자료를

물어주느라 항상 경제적으로 쪼들렸다고 한다. 그가 유명 토크쇼 「자니 카슨 쇼 Jonny Carson Show」에 출연한 적이 있다. 카슨이 그에게 근황이 어떠냐고 묻자, 그는 "요즘 조금 쫄립니다. These days, I am a little short."라고 대답했다. 이에 카슨은 "당신이 키 작다는 것은 모두가 알죠 Everybody knows you are short."라고 응수했다. 물론 이는 'short'라는 단어의 이중적 의미를 활용한 위트다.

그런데 금융계에서도 이 단어가 '쇼트'나 '숏'이라는 발음으로 '쇼트 셀링 short selling'이나 '셀 쇼트', '쇼트 커버 short cover' 등 원어 형태로도 많이 쓰인다. 번역하여 쓸 경우 '쇼트 셀링'은 가장 대표적으로는 '공매도 空賣渡'라고 하고 주식의 경우에는 '대주 貸株'라는 명칭으로 쓰이는 경우도 있다. 그 의미가 확장되어 선물시장 등 파생금융상품에서 '매도' 측에 선 상태를 '쇼트 포지션'이라 부르는 등 '매도' 자체를 '쇼트'라고 칭하기도 한다. 이와 반대되는 의미의 '롱 포지션 long position'이라는 말도 많이 쓰이는데 이는 '매수' 측에 선 상태를 의미한다.

관련하여 몇 년 전에 개봉했던 「빅 쇼트 Big Short」라는 영화가 있다. 마이클 루이스 Michael Lewis가 2010년에 쓴 동명의 책을 영화로 만든 것인데, 아카데미상 여러 부문에 후보로 올랐고 '각색상'을 수상했다. 미국에서는 꽤 좋은 흥행 성적도 기록했다. 그 내용은 미국의 주택 버블이 최고조에 달해 관련 파생상품 시장 Collateralized Debt Obligation market, CDO market도 달아올랐을 무렵 주택 버블의 붕괴를 예측한 일곱 명의 인물이 이 시장에서 파생금융상품에다 '큰 매도(빅 쇼트)' 포지션을 취해서 큰돈을 벌었다는 줄거리다. 나도 이 영화를 보았지만 국어 번역 자막이 완벽하지 못해서인지, 아니면 파생상품의 개념이 난해해서인지 영화가 끝난 뒤에 관객들이 여기저기에서 서로 무슨 뜻이었는지 물어보느라 한참이나 웅성대는 모습도 보았고 흥행이 잘 되었다는 소리도 못 들었다.

그런데 이 '짧다'라는 원래 뜻을 가진 단어가 이렇게 '공매도'나 '매도'의 뜻도 가지게 되었는지는 정설은 없고 단지 '유력한' 설만 있을 뿐이다. 이는 앞서 다루었던 '불Bull, 베어Bear'의 어원과도 밀접한 관계가 있다. 18세기 초 미국 동부에서 성했던 곰 가죽 시장에서 전문 사냥꾼 등 영리한 거래자들은 가죽값이 최고에 달했다고 판단되면 수중에 가진 가죽이 '없어도short' '파는sell' 계약에 참여했다. 이런 면에서 우리말(일본이 먼저 했을 가능성이 크지만)로 '공매도空賣渡'라고 번역한 것은 참으로 절묘하다. 이렇게 유래된 말이 오랫동안 쓰이다가 어느 순간 자연스럽게 '롱long'도 '매수'의 뜻으로 쓰이게 되었다고 한다. 원래 '쇼트(짧다)'의 반대말은 '롱(길다)'이니, '쇼트'가 '매도'의 뜻으로 쓰이면서 '롱' 또한 '매수'의 뜻으로도 쓰이게 된 것이다.

그런데 이 쇼트 포지션이나 쇼트 셀링 등은 일반적으로 긍정적으로 받아들여지지 않는다. '버블Bubble'의 형성을 예방하는 등 시장의 왜곡을 바로잡는 순기능도 있지만 투기세력이 악용하는 기법이며 시장 불안을 가속화시키는 역할도 하기 때문이다. 실제로 지난 10여 년간 세계적인 금융위기는 이 '쇼트'가 들어간 투기세력의 기법이 항상 뇌관 역할을 했던 것도 사실이다. 이야말로 반야심경의 '공즉시색 空卽是色(실체가 없는 것은 사실 실체가 있는 것)'의 경지가 아니겠는가?

HEDGE FUND

'밀천' 이야기의
스타는 헤지펀드

영국의 소설가 조지 오웰George Orwell은 1945년 소설 『동물농장Animal Farm』을 출간했다. 그는 전체주의와 독재자에 대한 혐오가 깊었다. 이 소설도 당시 소련의 독재자 스탈린Stalin을 비판한 것이다. 동물농장의 돼지들이 주동이 되어 '혁명'을 일으켜 농장주를 쫓아내고 농장 내 모든 동물이 '평등한' 이상사회를 건설하려는 장면부터 시작한다. '혁명'에 성공한 후에 동물들은 다음과 같은 '7계명'을 제정한다.

 1. 두 발로 걷는 어떤 것도 적이다 Whatever goes upon two legs is an enemy.

 2. 네 발로 걷거나 날개를 가진 모든 것은 친구다 Whatever goes upon four legs,

or has wings, is a friend.

3. 어떤 동물도 옷을 입어서는 안 된다 No animal shall wear clothes.

4. 어떤 동물도 침대에서 자서는 안 된다 No animal shall sleep in a bed.

5. 어떤 동물도 술을 마시면 아니 된다 No animal shall drink alcohol.

6. 어떤 동물도 다른 동물을 죽이지 못한다 No animal shall kill any other animal.

7. 모든 동물은 평등하다 All animals are equal.

그런데 얼마 지나지 않아 '혁명'의 주동자였던 두 돼지 중, '나폴레옹 Napoleon'이 다른 돼지 '스노볼 Snowball'을 축출하고 권력을 독차지한 뒤, 독재자로 변신하여 반대자들을 학살하는 등 온갖 횡포를 부린다. 여기서 나폴레옹은 스탈린, 스노볼은 트로츠키를 상징한다. 그리고 그와 그를 따라 권력을 잡은 '부하' 돼지들은 곧바로 타락하기 시작한다. 인간 생활의 안락함에 취해 위의 7계명을 지킬 수 없게 되자 다른 동물들의 비난을 피하기 위해서 비밀리에 이 계명 중 일부를 바꾼다. 4번 계명은 '어떤 동물도 시트가 깔려 있는 침대에서 자서는 아니 된다'로, 5번 계명은 '어떤 동물도 도를 넘게 술을 마시면 아니 된다.' 6번 계명은 '어떤 동물로 이유 없이 다른 동물을 죽이지 못한다'로 바꾼다. 그러면서 혁명 직후 평등을 주제로 제정한 7계명을 왜곡하다 못해, 이마저 이제는 '모든 동물은 평등하다. 하지만 어떤 동물은 다른 동물보다 더욱 평등하다'라는 1계명으로 바꾸어놓는다. 그 다른 동물은 특권을 누리는 나폴레옹과 그 졸개 돼지들을 가리키는 것으로서, '평등'이라는 단어를 그 반대의 뜻으로 쓴 것이다.

현대 재무이론은 '불필요한' 위험을 줄여주고 수익률은 최대화하는 '분산투자'가 바람직하다고 주장하지만, 일반 개인 투자자의 투자자금 규모로는 이 분산투자가 어렵다. 하지만 이 문제는 이들의 자금을 모아 큰 펀드를 만들어 이른바 '집합투자'를 하면 해결될 것이다. 그래서 현대 자본시장은 '펀드fund'가 주역이 되는 것이다. 국내에서도 원어 형태로 많이 쓰이는 이 단어의 어원은 라틴어 '푼두스fundus'다. '바닥, 기초'라는 뜻이나. 이것이 영어에도 같은 뜻으로 들어왔다가 17세기 말부터 '어떤 목적을 달성하기 위해서 모아 놓은 돈이나 부富'라는 현재와 같은 뜻으로 쓰이기 시작했다. 즉 '밑천 또는 바닥 돈'인 것이다. 참으로 적절하게도 이 말의 우리말 번역도 '기금基金', 즉 '기초가 되는 바닥 돈'이다.

펀드의 종류를 분류하는 것은 여러 면에서 가능하다. 예를 들어 그 목적에 따라 연금펀드pension fund와 투자펀드investment fund로 나눌 수도 있다. 또 투자펀드는 그 모집 방식에 따라 '공모公募'펀드와 '사모私募'펀드로 구분하기도 한다. 공모펀드는 불특정 다수로부터, 사모펀드는 소수의 재력가들부터 자금을 모으는 것이다. 잘 알려진 바대로 미국에서 대표적인 공모펀드의 형태는 '뮤추얼 펀드Mutual Fund'다. 총규모는 2016년 말 기준으로 19.7조 달러로, 투자펀드 중 압도적인 비중을 차지한다.

사모펀드의 주요 종류로는 '헤지펀드 Hedge Fund'와 'PEF Private Equity Fund'
가 있다. 이 중 헤지펀드의 '헤지'는 교목이나 관목을 둘러 심거나, 베어
낸 가지 등을 엮어 만든 울타리를 의미한다. 이 단어의 어원은 고대 네
덜란드어 '헤그heg'나 고대 영어 '헤크hecg'로서 그 뜻 역시 울타리다. 여
기서 이미 17세기경부터 (울타리처럼) 투자금 등을 손실 위험으로부터
보호하다'라는 뜻이 나왔다. 1920년대 미국에서 '그래험─뉴먼 파트너십
Graham-Newman Partership'이라는 펀드가 그 효시라는 주장도 있으나, 일
반적으로는 1949년 사회학자인 앨프리드 존스Alfred Jones가 주식에 '매
수' 및 '공매도' 포지션을 동시에 취하여 위험으로부터 '헤지된' 펀드를
만든 것을 그 시초로 본다. 이 펀드 형태는 1970년대에 일반화되기 시
작하여 1980년대 말부터 주식시장의 장기활황과 함께 크게 번성했다.
그 투자 대상은 주식을 벗어나 파생상품이나 통화 등 돈이 된다면 어
떤 것도 가리게 않게 되었으며, 고수익을 위해서라면 고위험도 기꺼이
감수하는 형태로 진화했다. 더 나아가 '헤지펀드'의 상당수는 아예 '위
험 회피'를 하지 않게 되었다.

하지만 고위험은 언젠가는 실현된다는 법칙을 못 이겨서인지 2008년
리먼 사태 이후 수많은 헤지펀드가 파산하여 투자자들에게 큰 손실을
안겨주기도 했다. 이로써 이 펀드의 입지가 크게 좁아 드는 듯하였지만
이후 그 규모는 다시 증가하여 요즘에는 전 세계적으로 헤지펀드의 총
자산은 3조 달러로 추산되고 있다. 국내에서도 헤지펀드는 지난 2011년

아… 안전한 거 맞죠?

에 도입된 이후 그 운용자산의 규모가 2017년 말 기준 12조 원을 넘어서고 있다. 그런데 2016년 기준으로 국내의 78개 헤지펀드 중 절반가량이 손실을 보고 있다고 한다. 국내외 모두 어원과 달리 '밑천 펀드'를 '보호 헤지'해야 할 펀드가 그 반대로 나가고 있는 것이다. '동물농장'식의 어법을 빌려 쓰자면, 이 펀드들은 다른 펀드들보다 더욱 '헤지'해서일까?

PEF는 별로 사적私的이지 않다?

다음은 그리스의 여류 시인 사포Sappho가 지은 「아프로디테 찬가Ode to Aphrodite」 중 일부다. 시인은 '미美와 사랑의 여신' 아프로디테에게 자기가 사랑하는 여인의 마음이 자기에게 오도록 간청하고 있다. 여인이 여인의 사랑을 갈망하는 것이다.

> "누가 지금 너를 학대하지? 사포야. 누가
> 너를 잔인하게 대하지?
> 그녀가 지금은 도망치지만, 곧 너를 따라올 것이다.
> 그녀가 지금은 네 선물을 거절하지만 곧 너에게 충분히 선물을 줄 것이다.

그녀가 지금은 너를 사랑하지 않지만 곧 그녀의 마음은 원하지 않아도

타오를 것이다.”

그러므로 내게 다시 한번 와주어 내 고통을 덜어주소서.

내 비참한 걱정을 거둬주소서. 그리고 내가 갈망하는 모든 것을 주소서.

여신이여. 그리고 내 모든 사랑의 전장에서

내 전우로서 같이 싸워 주소서.

 Who is now abusing you, Sappho? Who is

Treating you cruelly?

Nowsheruns away, but she'll soon pursue you;

Gifts she now rejects--soon enough she'll give them;

Now she doesn't love you, but soon her heart will

Burn, though unwilling."

Come to me once more, and abate my torment;

Take the bitter care from my mind, and give me

All I long for; Lady, in all my battles

Fight as my comrade.

    그리스의 사포는 기원전 7세기에서 6세기에 걸쳐 활동했던 여류 시인

이다. 동성애자로 알려진 이 시인은 다작으로 유명했다지만 그녀의 작

품은 위의 작품 이외에 한 편만이 온전한 형태로 남아 있다. 후세, 특

히 교회가 압도적인 영향력을 행사했던 중세 시대에 그녀의 성적 취향이 비도덕으로 낙인이 찍혔기 때문이라고 한다. 하지만 그녀의 족적은 엉뚱한 곳에서 지금도 진하게 남아 있다. 그녀의 고향은 애게해에 위치한 레스보스Lesbos섬이다. 그리스의 영토이지만 터키 본토의 해안에 훨씬 가깝다. 2016년 초 난민을 태운 배가 근처에 침몰하며 33명이 사망한 사건으로 그 이름이 다시 전 세계의 뉴스에 오르내린 이 섬의 이름은 이제 여성 동성애자를 의미하는 '레즈비언Lesbian'이라는 이름에 남아 있다. 사포의 고향인 탓이다. 그런데 그리스 로마 시대 이후 동성애를 죄악시하는 중세 이후 동성애자인 것이 발각될 경우 사형을 감수해야만 했다. 그러므로 동성애자homosexual들, 즉 이들 '성적 소수자'들은 본인들의 성적 취향을 '은밀하게privately' 숨겨야만 했다. 이는 최근까지도 이어져서, 법률적 처벌은 더 이상 감수하지 않아도 되지만, '커밍아웃coming out'이라 하여, 이 사실을 당당히 '밝히는 것publicize'도 사회적 매장의 가능성 등 위험을 전제로 한 용기 있는 행위다.

다른 이야기 하나를 더 하자. 1980년대 미국의 TV 시리즈에 중에 「매그넘 P.I.Magnum P.I.」라는 것이 있었다. 10년가량 장수한 인기 프로로서 콧수염을 기른 톰 셀릭Tom Selleck이라는 배우가 주연을 맡아 하와이를 배경으로 활약하는 탐정물이었다. 그런데 이 시리즈물의 제목에 붙는 P.I.는 '프라이빗 인베스티게이터Private Investigator', 즉 '사립탐정'의 약자다. 사립탐정은 오랫동안의 논의에도 불구하고 국내에서는 아직도 허용되지 않는 제도다. 경찰 등 '공적' 기관에 속하지 않는 '민간' 부문에서 수사권을 가진다는 의미에서 '프라이빗'이라는 단어를 쓰고 있는 것이다.

앞 장에서 헤지펀드를 다루면서, 사모펀드의 또 다른 종류 PEF Private Equlty Fund도 있다고 언급했다. 국내에서는 헤지펀드보다 PEF의 도입 시기가 헤지펀드보다 훨씬 앞선다. 2004년에 '간접투자자산운용업'의 개정으로 사모투자 전문회사의 이름으로 도입된 것이다. 그런데 법에서 '사모'라는 이름을 사용해서인지 이후 최근까지도 이 PEF가 아예 '사모펀드'라는 이름으로 불리게 되었다. 그러나 이는 잘못된 번역이다.

나는 1990년대 말부터 10여 년간 한 민간연구소에서 영어 경제 주간물의 편집장으로 일했다. 매주 번역과 감수를 하면서 정부기관 및 언론의 영어 발표문을 참조할 때가 많았는데 매번 발견하는 번역상의 실수가 바로 '프라이빗private'과 '퍼블릭public'이라는 단어에 관한 것이었다. 예를 들어 공기업을 '퍼블릭 컴퍼니public company'로, 사기업을 '프라이빗 컴퍼니private company'라 번역하는 것은 명백한 오류다. 공기업은 '스테이트 오운드 컴퍼니state-owned company'가 정확한 표현이다. 왜냐하면 영미권에서는 거래소 상장 등으로 기업공개가 되어 일반 '대중'이 주식을 소유할 수 있게 된 기업을 '퍼블릭 컴퍼니'로, 기업 공개가 되지 않아 소수의 사람만이 주주인 경우를 '프라이빗 컴퍼니'라고 부르기 때문이다. 그래서 영미권에서는 기업 공개를 '고잉 퍼블릭going public'이라고 하고 주식을 매수해서 상장을 폐지하는 경우는 '고잉 프라이빗going private'이라고 한다.

프라이빗과 퍼블릭 두 단어의 어원 역시 '프리바투스privatus'와 '푸블리쿠스publicus'라는 라틴어다. 영어에는 14세기경에 도입된 것으로 추정된다. 그 원래 뜻도 각각 '개인이나 특정 집단에 한정된'과 '공공의, 일반 대중의'였다. 그리고 PEF의 에쿼티는 자기자본이나 주식을 의미하니 이런 면에서 PEF의 올바른 번역은 '비상장 주식 투자 펀드'라고 번역하는 것이 맞다. 참고로 '에쿼티'는 원래 '같게 만드는 것'이라는 뜻으로 대차대조표(재무상태표)에서 왼편(자산)과 오른편(부채)을 같게 만드는 것, 즉 '자기자본' 항목을 뜻하다가 언제부터인지 아예 자기자본 자체를 가리키는 말로 쓰이게 된 것이다. 마침 2015년에 개정된 자본시장법에서는 헤지펀드를 '전문투자형 사모펀드'로 부르는 것과 함께, PEF를 '경영참여형 사모펀드'로 개칭하여 오류를 바로잡는 모습이다.

이 형태의 펀드는 원래 비상장 기업의 경영권을 매수하거나 상장 주식을 매집하여 상장을 폐지한 후 기업 가치를 올려 재상장 등의 방법을 통해 되파는 것이 수익모델이다. 미국에서도 이 펀드 형태는 역사가 오래된 편으로서 KKRKohlberg Kravis Roberts 등의 전문회사들이 만들어 운용해왔고, 헤지펀드와 마찬가지로 투자자나 운용 주체가 유대자본이 많은 것으로 알려져 있다. 이들 중 상당수가 1990년대 말 외환위기 이후 국내에 진출하여 은행들을 사들였다 되파는 과정에서 '먹튀' 논란을 일으켜서 이들에 대한 인상은 별로 긍정적이지는 않은 것 같다.

국내에서도 이 형태의 펀드에 대한 인기가 높다. 2017년 말 기준으로 PEF의 숫자는 444개, 약정액은 62조 원을 넘어서고 있으니 말이다. 2017년에 신설된 PEF의 수는 135개사로 사상 최대를 기록했고 신규 자금모집 규모는 2014년 이후 매년 10조 원 안팎을 꾸준히 유지하고 있다. 이들 펀드가 '먹튀' 논란에서 벗어나 국내에서도 시급한 기업 구조조정에 큰 힘이 되기를 기원해본다.

BROKER

브로커냐, 쁘로까냐?

아주 어린 시절부터 나는 어른들이 자주 말하는 '쁘로까'라는, 외래어로 추정되는 말을 듣고 자랐다. 보통은 아주 부정적인 의미로 사용되었다. '교활한 거간꾼, 이익을 위해서는 물불 안 가리고 거짓말을 하며 일을 성사시키려는 인간, 사기꾼과 백지 한 장 차이도 안 나는 존재' 등이었다. 그래서인지 고등학교 시절의 나에게 이 '쁘로까'의 이미지는 '기름 바른 머리, 개기름이 자르르한 얼굴, 툭 튀어나온 배, 팔자걸음, 게다가 야비한 웃음'을 지닌 중년 남성으로 고착되기에 이르렀다. 그러다가 대학에 입학하고 나서야 이 속어의 원 말이 '중개인', '중매인'을 뜻하는 영어 '브로커broker'임을 알게 되었다. 경영학 석사 과정에 들어가 재무이론을 처음 접하고 나서야, 증권회사에서 고객을 대신하여 유가증권에 대한 매수, 매도 주문을 내주는 직원의 정식 명칭이 브로커라는 것도 알게 되었다.

그런데 이 단어의 어원은 앞서 언급한 대로 우리나라에서처럼 원래는 한때 부정적인 의미도 가지고 있었다. 14세기경에 영어 기록에 출현하기 시작한 단어는 '소상인'을 뜻하는 옛 프랑스어 단어 '브로쿠르brocour'에서 왔다고 전해진다. 이 단어의 어원에 대해서는 몇 가지 설이 있다. 포도주 소매상을 뜻하는 에스파냐어 '알보로케alboroque'에서 왔다는 설도 있고 비슷한 형태와 뜻을 지닌 포르투갈어에서 왔다는 설도 있다. 또 '못'이나 '꼬챙이', 또는 '돌출된 것'이라는 의미를 가진 라틴어 '브로카brocca'나 '브로쿠스broccus'에서 나왔다는 주장도 있다. 하지만 이 모든 어원은 사실상 서로 연관이 있다.

오래전부터 유럽에서는 목재로 만든 큰 와인통에 속이 빈 꼬챙이를 꼽고 여기서 나오는 분량을 받아다가 소매로 파는 이들이 있었다. 와인을 만든 농부도 이 큰 와인통을 통째로 사갈 구매자를 쉽게 찾지 못할 것이므로 이들의 존재가 필요했던 것이다. 이때 쓰인 꼬챙이는 프랑스어로 '브로시broche'라고 불리었다(현대 영어에서도 이에 해당하는 단어는 '브로치broach'다). 당연히 이런 꼬챙이로 큰 통에 구멍을 내어 와인을 받아다가 파는 이들은 '브로셰르brocheur', 즉 직역하자면 '꼬챙이질하는 자'쯤 될 것이다. 이렇게 받아간 와인은 적은 양이어서 쉽게 사갈 사람을 찾을 수 있었을 것이다. 그리고 이 단어는 후에 앞서 언급된 '브로쿠르'로 변형되었던 것이다. 이 단어는 에스파냐나 포르투갈어로 도입되어 전술한 '아브로크' 등이 되었다(이보다 훨씬 앞서 '브로시'와 유사한 범凡게르만어 단어가 로마 시대에 라틴어에 도입되어 '브로카'가 되었다고 한다). 어쨌거나 소상인, 소매상을 의미하는 단어들은 존경이나 인정이 담긴 긍정적인 말은 아니었던 것으로 보인다.

중세 영국에서는 이 브로커라는 단어가 더욱 부정적으로 변해, 노골적인 비하의 의도가 담겨 쓰였다. '소매상인, 소상인'에서 '매춘 알선업자(뚜쒸)', '떠돌이 노점 상인', '매관매직 알선자' 등을 가리키는 말로 변형된 것이다. 이런 추세는 한참이나 계속되었는지 전당 입사를 낮하는 '폰브로커pawnbroker'라는 말은 17세기 말부터 쓰이기 시작했다. 하지만 이러는 가운데 18세기 초 오늘날의 증권 중개인에 해당하는 '스톡 브로커stock broker'라는 말도 생겼다. 물론 당시의 증권 중개인도 그리 긍정적인 직업은 아니었다.

하지만 경제가 발전하면서 자본에 대한 수요도 늘어났고 마침내는 미국이 세계 자본시장의 중심지가 되자, 브로커라는 말도 화려한 시절을 맞게 되었다. 월스트리트에서 자본 조달 및 중개 그리고 투자 서비스의 핵심으로 떠오른 금융회사 중 주식중개 업무를 중심으로 성장한 증권회사를 가리키는 보통 명사는 '브로커리지 펌brokerage firm'이다. 지금은 한 대형 상업은행과 합병했지만 한때는 최고의 증권사로 인정을

받았던 메릴린치Merrill Lynch가 그 대표적인 예다.

예전에 비해 많이 달라졌다고는 하지만 지금도 우리나라에서는 증권사들의 주 업무도 역시 '브로커리지(중개 업무)'다. 그리고 요즘에는 PB Private Banker 나 WM Wealth Manager이라는 직명이 붙여지고는 있으나 엄밀히 말하자면 증권사 지점에 고객을 응대하는 대다수의 직원들의 직명은 '브로커'다. 하지만 예전의 부정적인 이미지로 다시는 돌아가고 싶지 않아서인지, 고객의 자산을 무단으로 매매하다가 큰 손해를 입히는 직원들은 예전에도 '브로커' 대신 '쁘로까'로 불려지곤 했다. '랩 어가운드wrap account' 업무 도입으로 일임매매가 사실상 합법화되면서 많이 바뀌었다고 하나 이 땅에서 증권업조차도 '쁘로까'가 근절되었나고 보기는 힘든 것 같다. 하물며 정치 등 다른 분야에서야 더 할 말이 있겠는가?

증권사와 보안회사가
회사명의 일부를 공유하는 이유는?

에피소드 1: 나의 선친은 1960년대 초에 서울 시내 모처에 있는 상당히 큰 땅을 팔아 주식투자에 올인했다. 당시 주식값이 하루가 다르게 치솟았기 때문이다. 그러나 곧 선친이 사들인 주식들은 휴지조각이 되었고 선친의 사업도 휘청거리게 되었다. 나중에 알고 보니 이는 당시 쿠데타로 정권을 잡은 군부세력이 정치세력으로 변신하는 과정에서 정치자금이 필요하자 모 인사 주도로 이른바 '작전'을 벌인 탓이었다. 바로 그 유명한 '증권파동'이다. 이 탓인지 선친은 내가 어릴 적부터 수백 번도 더 "증권은 하지 마라. 패가망신한다"라는 말씀을 하셨다. 그러나 불효자인 나는 선친을 거스르고 재무학 중 주식, 채권을 주로 다루는 '투자론'으로 경영학 박사를 받았다.

에피소드 2: 내가 20여 년 전 모 증권사에서 리서치센터장으로 일했을 적의 이야기다. 미국에 출장을 가서 뉴욕 공항의 입국심사대를 통과할 때 이민국 관리가 퉁명스럽게 질문을 던져왔다. 미국에 온 목적은? 비즈니스 차 왔다. 무슨 비즈니스냐? 증권사securities company에 다니는데 뉴욕에 볼 일이 있다. 혹시 총기firearms 등을 구입하러 왔냐? 뭐라고? 보안업체security company에서 일한다며? 그게 아니고 주식stock이나 채권bond 등을 서래하는 증권사에서 일한다고. 투자은행 같은 것 말야. 진작 그렇게 얘기하지, 졸지에 보안업체 지원으로 오인받은 나는 그래도 출장의 목적은 잘 달성하고 귀국했지만 그 날의 해프닝은 오랫동안 잊히지 않았다.

에피소드 3: 북한이 계속 핵실험을 해대고 걸핏하면 대륙간탄도탄 ICBM 등 미사일을 쏴댄다. 이때마다 이를 방어하기 위해 주한미군의 사드THAAD를 배치했는데 이를 둘러싸고 나라 안팎으로 시끌시끌하다. 그런데 사드의 대안으로 우리나라 해군이 가진 '이지스aegis' 구축함이 거론된다. 여기에 SM3라는 탄도탄 요격 미사일을 장착하면 사드보다 훨씬 더 높은 고도에서 적의 미사일 요격이 가능하다는 것이다. 그래서인지 우리나라 해군도 지금 보유하고 있는 3척에다 3척을 더 건조한다고 한다. 그런데 '이지스'란 영어 단어는 '방패'라는 뜻 이외에도 '보호, 후원'을 의미한다. 이 단어는 고대 그리스어 '아이기스 aigis'에서 유래했다. 아이기스라는 말은 염소를 이르는 고대 그리스어 단어인 '아이크aix'에서 유래한 것으로 '염소 가죽'을 뜻한다. 아이기스는 원래 제우스의 방패를 가리키는 말로서, 제우스를 길러낸 염소 아말테이아의 가죽을 이용해 만들어졌다. 목에 두르는 망토 형태의 방패로서, 방패 중앙에는 메두사의 머리가 박혀 있다. 제우스가 이 방패를 자기 딸인 아테나에게 주었다고 전해진다. 방어와 공격을 모두 할 수 있는 무기다. 그런데 이 단어는 후에 라틴어로 들어와 '아에기스 aegis'가 되었고, 영어에서도 같은 형태로 오늘날까지 쓰이고 있다. 이 단어의 동의어는 '시큐리티 security'다.

이 '시큐리티'는 앞서 미국의 이민국 관리가 말한 대로 통상적으로 '보안, 보호' 등의 뜻으로 쓰인다. 하지만 이 단어가 단수형은 물론, 특히 복수형, 즉 '시큐리티즈securities'로 쓰일 경우 '증권證券'이나 '증서證書'라는 뜻이 있다. 그래서 국내 증권사들의 영어 이름에는 거의 예외 없이 이 '시큐리티즈'라는 단어가 들어가 있는 것이다. 하지만 미국에서 교육 수준이 별로 높지 않은 사람들의 상당수는 앞서 언급한 대로 이 단어가 복수로 쓰일 경우에도 오로지 '보안, 보호'만을 의미하는 것으로 알고 있다. 하기야 예전에 국내에서도 대중들 사이에 증권 하면 주식만을 지칭하던 시절도 있었다. 영어 단어 하나가 여러 뜻을 가지는 경우는 흔히 있는 일이나 그래도 대부분의 경우 그 뜻들이 어느 정도 연관성을 가진다. 하지만 '보안'과 '증권'은 언뜻 서로 거리가 한참 멀어 보인다. 그런데 이 단어의 어원을 살펴보면 고개가 끄덕여진다.

원래 이 단어의 어원은 '안심, 안전한 상태'를 의미하는 라틴어 '세쿠리타스 securitas'다. 이 단어도 '세쿠루스 securus'라는 말에서 나왔다. 'se(~이 없는)' + 'cura(걱정)'의 합성어로 말 그대로 '걱정할 필요가 없다'는 말이다. 원뜻 그대로 프랑스어를 거쳐 영어에는 15세기경에 도입되었다. 16세기경에는 '보인'이라는 뜻을 지니더니 17세기경부터 '채권자가 (걱정없도록) 채무자에게 가진 권리인 채권債權을 증명하고 보장하는 서류', 즉 '증서'의 의미로 쓰이기 시작했다.

오늘날 가장 대표적인 증권은 뭐니 뭐니 해도 주식과 채권일 것이다. 여기에다 이들을 기초로 하여 만든 옵션 등 '파생금융상품'도 증권이다. 특기할 만한 것은 이들 증권이 특정 자산 및 그 자산이 벌어들이는 현금흐름에 대한 '권리'를 주장하는 '증서'이다 보니 가치를 가진다는 것이다. 그러나 '파생금융상품' 중에서도 '선물 futures'이나 '선도 forward'는 '계약'이지 증서가 아니어서 그 자체로는 가치가 없어 엄밀히 말하자면 '증권'은 아니다. 어쨌든 이들 증권의 이론적 가치를 평가하는 것은 현대 재무학 분야에서 큰 축을 차지하고 있는 '투자론 investment theory'의 근간이다. 가치를 이론적으로 추정하는 것은 이유가 있다. 증권이 이론적인 가격보다 실제로 낮게(높게) 거래된다면 이를 투자해도 좋다는(투자하면 안 된다는) 가이드라인을 얻기 위해서다.

세계의 웬만한 국가나 그 나라에 사는 현대인들은 모두가 이 증권과 직간접적으로 긴밀하게 연결되어 있다. 거의 모든 나라는 재정적자를 겪기 마련이고 이 부족한 세입을 '국채'를 발행하여 조달한다. 또한 직접 주식, 채권, 옵션, 선물 투자를 하거나 '펀드'에 가입한 사람들은 물론이고 금융기관에 판매하는 거의 모든 금융상품은 이 '증권'에 기초하고 있기 때문이다. 노후를 의탁할 연금이 자금을 굴리는 대상은 거의가 증권이기 때문이기도 하다.

가계의 부가 주택 등 부동산에 편중되어 있는 한국도 예외가 아니다. 주지하다시피 우리나라는 전 세계적으로 가장 광범위한 국민연금 제도를 운용하는 나라 중 하나다. 집 마련과 함께 자식교육에 온 재력을 다 쏟아붓느라 은퇴 즈음엔 집 한 채가 전 재산인 경우가 많은 대다수 국민들이 노후를 이 국민연금에 의탁할 수밖에 없는 것은 당연하다. 하지만 노령화가 예상보다 빨리 진행되면서 불과 몇 십 년 후면 국민연금도 고갈된다는 우울한 예측이 자꾸 나온다. 출산율이 획기적으로 높아지거나 대규모의 이민을 받지 않으면 뾰족한 수가 없다고들 한다.

그런데 국민연금도 운용자산의 거의 대부분을 국내의 주식 및 채권으로 굴린다. 이는 결국 우리나라의 기존 기업들이 갈수록 더 돈을 잘 벌거나 그런 기업들이 새로 많이 생기거나 해야 증권의 값이 오르거나 수익률이 좋아져 연금의 고갈속도를 늦출 수 있다. 즉 증권이 그 어원대로 노후의 '안전'을 '보장'하는 역할을 해야 하는 것이다. 그러나 요즘처럼 반기업 정서가 강하고, 요란한 '규제 완화'의 구호 아래 오히려 규제가 강화되어온 추세 속에 이는 정말 요원할 일로 보인다. 국민연금이 정말 우리 노후의 '방패'가 될 수 있기를 바란다.

PENSION

숙박시설 펜션과 연금은
무슨 관계일까?

나의 오랜 친구 하나가 은퇴를 앞두고 그간 모아놓은 돈으로 바닷가에 땅을 샀다고 자랑이다. 지방의 땅 치고는 상당히 비싼 가격을 지불했다고 해서 그 이유를 물어보았다. 그 땅에서 바라본 바다의 경치가 '기가 막히게' 좋아 선뜻 거래를 했다는 대답이다. 이쯤에서 알아채야 되었으나 눈치 없는 나는 멍청한 질문을 계속 해댄다. 그 땅 가지고 뭐 하려고? 그는 한심하다는 표정으로 "퇴직금으로 펜션 지어 은퇴 후 생활비를 벌려고 한다"고 대답하며, "요즘은 이것이 대세인데 너는 그런 대비도 생각조차 안 해보았냐?"고 덧붙인다. 말문이 막힌 나머지 나는 더 멍청한 질문으로 망신을 면하려고 했다. "그래, 그게 돈이 되는 거야?"

"증권회사 임원으로 퇴직한 내 고향 친구는 속초 쪽에 펜션을 지어 회사 다닐 때보다 갑절을 번다고 하더라. 나도 국민연금에다 펜션에서 나오는 수입으로 노후생활은 별 걱정이 없을 것으로 본다." 머쓱해진 나의 표정과 함께 대화는 끝났다. 아마 그 친구는 속으로 이렇게 말했을 것이다. '경제 전문가 좋아하네!' 하기야 내가 모 증권사의 리서치센터장으로 있을 때 지점장들에게 자주 들은 말이 있다. 객장에 경제학과, 경영학과 교수들이 자주 나타나거나 매수 문의 전화가 자주 오면 장이 '끝물'이라 매도 주문을 낼 때가 된 것이라고.

그 친구 말을 듣고 몇몇 부동산 중개사들에게 물어보니 정말로 요즘은 베이비붐 세대가 대거 은퇴 중이거나 은퇴를 앞두고 있어 지방의 경치 좋은 땅은 수요가 높다고 한다. 이와 관련하여 은퇴 시장은 금융업계에서도 앞으로 얼마 남지 않은 고성장 시장으로 주목을 받고 있다. 세계적으로도 의학의 발달로 인간 수명이 비약적으로 길어지고 제2차 세계대전 이후 고도의 경제성장으로 이렇게 많은 사람이 그렇게 많은 자산을 가지고 은퇴하는 경우는 역사상 처음이라고 한다. 당연히 이들 인구 계층을 타깃으로 하는 금융 상품의 총아는 연금이 되고 있다. 우리나라의 국민연금과 같은 공적 연금 말고도 은행, 보험사 등 금융기관이 판매, 운영하는 사적 연금의 시장도 나날이 커지고 있다.

그런데 이 '연금'에 해당하는 영어 단어도 '펜션pension'이다. 앞서 언급한 숙박시설 '펜션'도 우리나라에서는 은퇴자들이 지어 운영하니 이 단어는 모두 '은퇴'와 밀접한 관계가 있어 보인다. 프랑스 등 유럽의 여러 나라를 여행하다 보면 숙박시설의 형태 중 이 펜션이 많이 보인다. 우리나라의 펜션도 이들 나라가 원조다. 그래서인지 이 영어 단어가 숙박시설을 의미할 때는, 미국에서도 프랑스어 발음 그대로 '팡시옹'이라고 말하는 사람들도 많이 보았다. 이렇듯 영어에서 한 단어가 일견 전혀 다른 두 개의 뜻으로 쓰이는 경우는 적지 않기는 하나 그래도 이 경우에는 같은 주제 '은퇴'를 공유한다는 점에서 흥미롭기는 하다. 사실 두 단어는 원래가 같은 뿌리에서 나온 것이 맞다.

영어 단어 펜션의 어원은 라틴어 '펜시오넴pensionem'이다. 그런데 이 '펜시오넴'이라는 말의 원형은 '펜데레pendere'로 '지불하다'라는 뜻 이외에도 '매달리다'라는 뜻도 있다. 여기서 나온 펜시오넴이라는 단어의 뜻은 '지불, 분납, 할부금'이다. '지불하다'와 '매달리다'가 한 단어에서 묶인 연유는 아마도 연금이란 것도 매달 일정 금액이 꼬리에 꼬리를 물고 '매달리듯이' 나오다 보니 그리 된 것으로 추정된다.

이 라틴어 단어는 13세기경 프랑스어에 오늘날과 같은 형태로 도입되었다가 영어는 14세기 중반에 도입되었다고 한다. 그리고 16세기경에는 이 영어 단어의 뜻이 '과거 열심히 복무한 것에 대한 보상 차원에서 다달이 일정 금액을 지불하는 것', 즉 오늘날 연금과 같은 뜻으로 쓰이기 시작했다.

그런데 오늘날과 마찬가지로 당시 은퇴한 사람들의 가장 큰 문제 중 하나는 주거였을 것이다. 그래서 이들의 연금으로 주거비를 충당할 수 있는 저렴한 숙박시설이 생겨났다. 17세기경에는 프랑스에서 연금수혜자pensioner를 위한 이들 시설도 그냥 '팡시옹', 즉 펜션이라 불리기 시작했다. 아침, 점심, 저녁 세 끼를 모두 주는 곳도 있었고 점심을 빼고 두 끼만 주는 곳도 있었다. 이는 오늘날까지 이어지는 형태로서 영미권에서는 전자를 '풀 보드full board'라고 부르고 후자는 '해프 보드half board'나 '데미 펜션demi-pension'이라 부른다.

　오늘날과 매우 비슷한 형태의 연금제도가 처음 도입된 곳은 독일(프러시아)로 알려져 있다. 종교개혁 후인 1645년 작센-고타Sachsen-Gotha 지역의 에른스트 공작Duke Ernst the Pious이 성직자(목사)들이 미망인들을 위한 연금을 도입했다. 이후 철혈 재상 비스마르크Bismarck가 1889년 노령 및 장애 연금을 도입했다. 흥미로운 점은 연금 수령을 할 수 있는 나이가 70세여서 당시 독일의 평균수명인 45세를 크게 넘어섰다는 것이다. 이후 20세기 들어와 영국, 미국 등지에서도 공적 연금이 도입되기 시작했고, 회사 직원 등을 위한 사적 연금이 뒤를 이었다.

　이제 연금기금은 세계적으로 엄청난 규모로 성장했다. 최근 OECD의 통계(www.oecd.org/daf/pensions/pensionmarkets)에 따르면 2016년 기준으로 OECD 회원국들의 연금기금이 보유한 총 자산 규모는 25조 달러를 상회하고 있다. 이들 국가의 GDP를 모두 합친 것의 81퍼센트에 해당하는 액수다. 주목할 만한 사실은 회원국들 중 대한민국의 연금기금이 26.3퍼센트라는 가장 높은 신장률을 기록했다는 점이다. 실제로 우리나라의 국민연금은 운용자산 규모가 2017년 7월에 사상 처음으로 600조 원(시가 평가액 기준)을 넘어섰다. 1998년의 5,300억 원 정도였던 것이 2003년 100조 원을 처음 돌파한 이후 14년 만에 6배 수준으로 불어난 것이다. 이는 일본의 공적연금 펀드GPIF와 노르웨이의 국부펀드 GPF에 이어 세계 3위의 규모다.

우리나라의 국민들도 노후 생활을 연금에 의존해야 하는 상황에서 이는 분명히 듣기 좋은 소식이다. 1960년대 이후 급속한 경제발전은 이루었지만 기존의 관습과 규범도 바뀌어 이제는 자식이 부모를 봉양하는 것은 의무가 아닌 것은 물론이고 '옵션'도 아니게 되었다. 노후는 각자가 책임을 져야 되는 시대가 된 것이다. 그런데 문제는 이 국민연금기금이 이대로 가다가는 언젠가는 고갈될 것이 뻔히 보인다는 점이다. 우리나라의 출산율은 세계 최저 수준으로 떨어지고 있고 평균수명은 의학 발달 등으로 갈수록 더 늘어나고 있다. 이는 연금의 수령자는 더욱 늘어나는 반면 연금보험료를 납부해야 하는 인구는 더욱 줄어든다는 것을 뜻한다. 출산율이 획기적으로 늘거나, 대량의 이민 유입, 또는 남북통일 등의 가능성이 현실화되지 않는다면 현재로서는 그 고갈 시점은 2060년경으로 추정되고 있다. 게다가 '납세자 연맹'이라는 단체는 이 시점이 2051년으로 앞당겨졌다고 주장하고 있다. 이는 참으로 암울한 미래를 의미한다. 언젠가는 은퇴자들은 펜션(연금)보다 펜션(숙박시설)에 의존해야 하는 시대가 될지도 모르겠다. 사족이지만 비스마르크가 시대를 훨씬 앞서 왜 연금 수령 개시 시점을 70세로 했는지 이해도 되는 대목이기도 하다.

어원으로 배우는 경제 이야기

지은이	김경원
펴낸이	박숙정
펴낸곳	세종서적(주)

주간	강훈
책임편집	이진아
편집	김하얀
디자인	전성연 전아름
마케팅	안형태 김형진 이강희
경영지원	홍성우 윤희영

출판등록	1992년 3월 4일 제4-172호
주소	서울시 광진구 천호대로132길 15, 세종 SMS 빌딩 3층
전화	마케팅 (02)778-4179, 편집 (02)775-7011
팩스	(02)776-4013
홈페이지	www.sejongbooks.co.kr
블로그	sejongbook.blog.me
페이스북	www.facebook.com/sejongbooks
원고 모집	sejong.edit@gmail.com

초판 1쇄 인쇄 2018년 5월 17일
1쇄 발행 2018년 5월 31일

ISBN 978-89-8407-710-2 03320

이 도서의 국립중앙도서관 출판시도서목록(CIP)은 서지정보유통지원시스템
홈페이지(http://seoji.nl.go.kr)와 국가자료공동목록시스템(http://www.nl.go.kr/kolisnet)에서
이용하실 수 있습니다. (CIP제어번호: CIP2018014696)